酒店餐饮民宿经营与管理指南系列

民宿客栈
怎样做

策划·运营·推广·管理

江美亮 —— 编著

化学工业出版社
·北京·

《民宿客栈怎样做——策划·运营·推广·管理》一书对于民宿客栈从开店策划到运营、推广的方方面面进行了详细的解读。

◆ 民宿客栈策划：民宿客栈的认知；市场调研；投资分析；项目定位；规划设计；开业筹备。

◆ 民宿客栈运营：搭建团队；合理定价；完善服务；保障安全；控制成本。

◆ 民宿客栈推广：品牌推广；自媒体平台推广；线上平台推广；文案推广；KOL推广。

◆ 民宿客栈加盟：加盟的基本认知；选择加盟品牌；考察加盟项目；评估加盟费用；签订加盟合同；识别加盟陷阱。

本书图文并茂，穿插大量的实战案例，内容涵盖了民宿客栈开店策划、运营、推广，实用性非常强，可供创业投资及民宿客栈的管理者、从业人员，以及新入职的大中专学生，有志于从事民宿客栈管理的人士学习参考。

图书在版编目（CIP）数据

民宿客栈怎样做：策划·运营·推广·管理/江美亮编著. —北京：化学工业出版社，2020.6（2025.3重印）
（酒店餐饮民宿经营与管理指南系列）
ISBN 978-7-122-36376-3

Ⅰ.①民⋯ Ⅱ.①江⋯ Ⅲ.①旅馆–经营管理
Ⅳ.①F719.2

中国版本图书馆CIP数据核字（2020）第039817号

责任编辑：陈　蕾　　　　　　　　　　装帧设计：尹琳琳
责任校对：杜杏然

出版发行：化学工业出版社（北京市东城区青年湖南街13号　邮政编码100011）
印　　装：涿州市般润文化传播有限公司
787mm×1092mm　1/16　印张10½　字数210千字　2025年3月北京第1版第7次印刷

购书咨询：010-64518888　　　　　　售后服务：010-64518899
网　　址：http://www.cip.com.cn

凡购买本书，如有缺损质量问题，本社销售中心负责调换。

定　　价：68.00元

前言

　　自Airbnb（爱彼迎）进入中国以来，"民宿"一直是旅游业中的热词。民宿被称之为"有温度的住宿、有灵魂的生活"。国家文化和旅游部于2019年7月3日颁布的《旅游民宿基本要求与评价》（LB/T 065—2019）中对旅游民宿的定义是：利用当地民居等相关闲置资源，经营用客房不超过4层、建筑面积不超过800平方米，主人参与接待为游客提供体验当地自然、文化与生产生活方式的小型住宿设施。

　　民宿客栈与民宿这种小微住宿形态作为一种新型而具有特色的接待形式，通过温馨而亲民的方式为游客提供了更加具有地方特色的旅游体验，在最近两年以迅猛之势崛起，越来越多的人接受并且喜欢上这种住宿形态，或者说是旅行方式。民宿作为一种全新的生活方式，在多主体的共同推动下，呈现井喷式增长，正在吸引着多方的关注和思考、尝试与实践。伴随着旅游个性化、定制化的发展趋势，民宿的市场需求不断攀升。美团旗下民宿预订平台榛果民宿发布的《2019城市民宿创业数据报告》显示，民宿市场增长迅猛，2017～2018年，在线房源数增至百万规模。目前，我国各级政府部门、行业协会，正在对民宿客栈的管理制定相应的规则，保证民宿客栈质量的提升，使整个民宿行业有序、可靠、健康持续发展，从而带动整个旅游产业的发展。

　　随着民宿客栈的需求越来越大，很多人都有想开民宿客栈的想法，更有很多大学生带着一种情怀、一种创业的梦想，想创业开家民宿客栈。但是，开家民宿客栈也不是一件容易的事情，需要做各方面的准备。那么，如何开一家小小的民宿客栈、怎样提升民宿客栈管理水平、如何提升民宿客栈从业人员的素质，很多民宿客栈负责人觉得组织人员参加专业培训，又花时间又费钱；但购买一些书籍来边学习边运用，却找不到合适的、成体系的、实际操作性强的管理图书。

　　基于此，为了让更多的创业投资及民宿客栈的管理者、从业人员，以及新入职的毕业生，有志于从事民宿客栈管理的人士花更少的钱学习到更好的东西，我们编写了《民宿客栈怎样做——策划·运营·推广·管理》一书。

《民宿客栈怎样做——策划·运营·推广·管理》一书分四章，对民宿客栈从开店策划到运营、推广、加盟的方方面面进行了详细的解读：

◆ 民宿客栈策划　　　　　◆ 民宿客栈推广
◇ 民宿客栈的认知　　　　◇ 品牌推广
◇ 市场调研　　　　　　　◇ 自媒体平台推广
◇ 投资分析　　　　　　　◇ 线上平台推广
◇ 项目定位　　　　　　　◇ 文案推广
◇ 规划设计　　　　　　　◆ KOL推广
◇ 开业筹备　　　　　　　◆ 民宿客栈加盟
◆ 民宿客栈运营　　　　　◇ 加盟的基本认知
◇ 搭建团队　　　　　　　◇ 选择加盟品牌
◇ 合理定价　　　　　　　◇ 考察加盟项目
◇ 完善服务　　　　　　　◇ 评估加盟费用
◇ 保障安全　　　　　　　◇ 签订加盟合同
◇ 控制成本　　　　　　　◇ 识别加盟陷阱

　　本书图文并茂，穿插大量的实战案例，实用性非常强，可供创业投资及民宿客栈的管理者、从业人员，以及新入职的毕业生，有志于从事民宿客栈管理的人士学习参考。

　　由于笔者水平有限，加之时间仓促，书中疏漏之处在所难免，敬请读者批评指正。

编著者

01

第一章　民宿客栈策划

民宿被称之为有温度的住宿、有灵魂的生活。在多主体的共同推动下，近年来我国的民宿、客栈与精品酒店等非标住宿业态呈现井喷式增长。民宿作为一种全新的生活方式，正在吸引着多方的关注和思考、尝试与实践。

第二章　民宿客栈运营

无数的实践证明，开一家民宿仅仅有情怀是不够的。情怀不能当饭吃，不能盈利，会使民宿运营无以为继。必须跳出传统的营销思路，以市场为导向，把服务做到极致，让每一位光顾的顾客都成为自己最好的口碑广告。

第三章　民宿客栈推广

民宿是情怀与商业结合的产物。作为一种产品，它需要被民宿经营者推广出去。没有盈利的民宿无法长远走下去，实现盈利靠的是推广。通过推广才能将民宿的知名度打开，让更多人看到才会有人来体验，来住宿。

04

第四章 民宿客栈加盟

加盟一个好的品牌，对于想创业的人来说，既可以自己当老板，又避免了创业的诸多风险。但是如果选错了品牌，则可能是"赔了夫人又折兵"，白白浪费了金钱和时间。因此，选对加盟品牌，是加盟成功的有力保障。

第一章
民宿客栈策划

民宿被称之为有温度的住宿、有灵魂的生活。在多主体的共同推动下，近年来我国的民宿、客栈与精品酒店等非标住宿业态呈现井喷式增长。民宿作为一种全新的生活方式，正在吸引着多方的关注和思考、尝试与实践。

第一节　民宿客栈的认知

客栈与民宿这种小微住宿形态在最近两年以迅猛之势崛起，越来越多的人接受并且喜欢上这种住宿形态，或者说是旅行方式。

一、民宿客栈的概念

民宿给人的普遍印象是其区别于传统酒店的"非标准性"。在国内，民宿容易与精品酒店混用，一并归为"非标准住宿"。而在国际上，一般将国内通常理解的"民宿"归入"Rentals & Shares"（租赁与共享住宿），以与"Hotels"（酒店）加以区分。然而，对"民宿"及其相关概念始终未有清晰、统一的界定。在上述背景下，为了行业进一步的健康发展，民宿的概念亟需明确。可喜的是，我国目前从法律规范和行业标准方面已开始逐步进行探索和尝试。

1.法律规范对"民宿"的界定

目前，国家层面尚未出台专门针对"民宿"的法律法规，也没有对"民宿"作出明确的定义。但国务院办公厅于2018年9月24日发布《完善促进消费体制机制实施方案（2018—2020年）》，将"民宿"归为"短租服务"的一种。

在地方层面，目前已有一些省份陆续出台了针对民宿的地方性规定，相对而言，浙江、海南和广东三个省份制定的规范较为详细和具体。

浙江省2016年12月5日颁布的《浙江省人民政府办公厅关于确定民宿范围和条件的指导意见》中所指的民宿（含提供住宿的"农家乐"），是利用城乡居民自有住宅、集体用房或其他配套用房，结合当地人文、自然景观、生态、环境资源及农林牧渔生产活动，为旅游者休闲度假、体验当地风俗文化提供住宿、餐饮等服务的处所。规定民宿的经营规模，单栋房屋客房数不超过15间，建筑层数不超过4层，且总建筑面积不超过800平方米。

海南省于2019年4月29日颁布的《海南省乡村民宿管理办法》中所称的乡村民宿，是指利用农村、农林场居民的合法住宅，以及村集体用房、农林场房等闲置资源，为消费者体验乡村生活、游览观光、休闲度假等提供住宿接待服务的经营场所。

广东省于2019年6月21日颁布的《广东省民宿管理暂行办法》中所称的民宿，是指城镇和乡村居民利用自己拥有所有权或者使用权的住宅或者其他条件开办的，民宿主人参与接待，为旅游者提供体验当地自然景观、特色文化与生产生活方式的小型住宿设施。

2. 行业标准中的界定

国家文化和旅游部于2019年7月3日颁布的《旅游民宿基本要求与评价》（LB/T 065—2019）中对旅游民宿的定义是：利用当地民居等相关闲置资源，经营用客房不超过4层、建筑面积不超过800平方米，主人参与接待为游客提供体验当地自然、文化与生产生活方式的小型住宿设施。

3. 客栈的概念

客栈是历史上对住宿设施的一种称谓，与此同义还有逆旅、客舍、旅店、旅馆等名称，是指容宾客临时寄居的能遮风避雨的场所。

在20世纪90年代以后，随着全国各地古城、古镇旅游热潮，许多古城镇景区在旅游高峰期出现了接待设施严重不足的情况，然而大量投资兴建旅游接待设施会造成淡季旅游接待设施的闲置，同时酒店造价与营运成本较高，大规模建设不符合古城镇旅游开发的基本原则，而造价相对低廉、与古城镇景观风貌协调的院落式住宿恰到好处地缓解了这一压力，解决了高峰期古城镇旅游住宿难的问题，因而在丽江、大理、长三角地区等古城镇中出现了一种有别于酒店的住宿业态，因其仿古性，人们习惯地称之为客栈。

以古城镇旅游为依托的客栈是一种以具有地方文化风格特点的院落建筑为经营场所，集食、宿、游、娱为一体的，让游客体验当地的民风民俗、建筑风格、居住方式等人文现象的住宿业态。

4. 民宿、客栈的区别

民宿、客栈在中国大陆地区存在许多共同的因素，是由一脉相承的方式构建的住宿业态。如果非要对二者加以区别，一般可采用两个依据：一是物业专门按照住宿设施要求修建的宜称为客栈，利用原有房屋改造的宜称为民宿；二是单栋建筑客房数在15间/套以下的称民宿，超过15间/套则称客栈。

二、民宿的分类

对于民宿来说，可以用多种方式对其进行分类。

1.按发展类别分类

民宿按发展类别可分为传统民宿和现代民宿。

（1）传统民宿。多以民间白姓的民居为依托改造而成。这类民宿在外观上基本保留原貌，内部进行适当的改造装修。它一般具有一定的历史年限，比较多地保存了当地的建筑风格和文化遗存，具有一定的历史文化价值和研究价值，是民宿当中的主流。

（2）现代民宿。以新建为主，一般依照当地的建筑风格辟地新建，也可移植域外名宅、名村，形成反差效应，从而增强吸引力。

2.按地理位置分类

民宿按地理位置可分为乡村民宿和城市民宿。

（1）乡村民宿分布在广大农村，具有比较浓厚的"村"味。也可以把建在城市或城郊的、按照乡村风格建设的民宿称为乡村民宿。

（2）城市民宿坐落在城区。它可以是城中的古民居，也可以是城市居民利用自家空余房以家庭副业的形式对外接待客人的民房。

3.按服务功能分类

民宿按服务功能可分为单一服务型和综合服务型。

（1）单一服务型是指只提供住宿服务，此类民宿一般紧靠大型景区、旅游综合功能区和城市，因为所依托的区域旅游功能比较齐全，住宿以外的服务能够方便地得到解决。

（2）综合服务型是指除住宿外，还能满足其他的服务需要，如餐饮、娱乐等。有的民宿自身就是旅游吸引物，除解决吃住外，本身还有观光休闲养生等功能。

4.按规模分类

民宿按规模可分为以下四种类型。

（1）居家散落型。这类民宿的主要功能是居家，即房屋主人还住在该处，在满足居家条件的前提下，把多余的房间整理出来做接待客人用。其特点如图1-1所示。

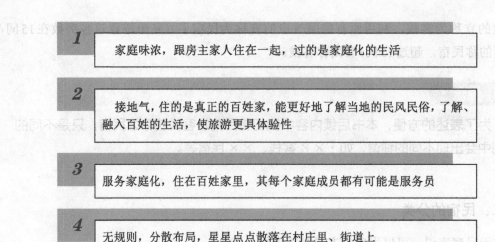

图1-1　居家散落型民宿的特点

（2）单独打造型。一两户人家择一合适的地点建造几栋民宅打造成民宿。这类民宿多见于交通要道旁，多以提供特色餐饮为主，兼作住宿。往往功能比较齐全，除食宿外，还注意环境和景观的打造。

（3）小簇集群型。把一个村庄、一条街道或者其中的一部分进行整体规划，连片打造成民宿。这类民宿主要依托的是古村古镇、民族地区。其特点是有规模，有特色，且管理比较完善。

（4）连片新建型。即完全在一块新的土地上，规划建设成片的民宿。这类民宿有的移植国内外某一名村名镇异地打造，如深圳东部华侨城的茵特拉根小镇。有的是恢复已经消失了的历史名村名镇。有的是根据某一文化主线或某一特色资源打造的特色小镇。

5.按层级分类

民宿按层级可分为以下三类。

（1）一般民宿。这类民宿主要以居家民宿即传统民宿为主，其特点如图1-2所示。

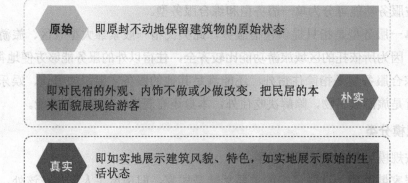

图1-2　一般民宿的特点

（2）精品民宿。精品民宿主要体现在一个"精"字上。与一般民宿不同，它在保留原建筑物外观特色的基础上，对内部装饰会做较大的调整，体现一种"金包银"的状态，这种民宿的美感度、舒适度、享受度甚至胜过星级宾馆，其特点如图1-3所示。

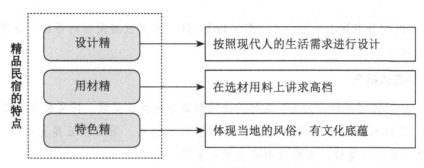

图1-3 精品民宿的特点

（3）潮流民宿。一般将根据异国异地、名村名镇建设的、恢复重建的古村古镇和主题主线清晰的民宿归类为潮流民宿。这类民宿，最受追逐潮流的年轻人青睐，其特点如图1-4所示。

图1-4 潮流民宿的特点

6.按产权分类

民宿按产权可分为私有民宿、集体所有民宿、国有民宿和社会民宿四大类。

（1）私有民宿。是指产权在每家每户，属个体私人所有，其主体是大量的民居型民宿。它们产权归个人所有，自主管理，自主经营，自负盈亏。

（2）集体所有民宿。也分几种，一种是产权为宗族、家族集体所有，如南方地区的客家围屋。这种围屋规模大，房间多，功能全，历史较为悠久，由于牵扯的家庭多，一直没有进行产权分割。用这种民居改造成的民宿，其所有权为家族集体所有。一般由家族组成理事会进行管理和经营。另一种是我国不少农村还保留了集体所有制的民居，用这种民居做成的民宿其产权仍归集体所有。

（3）国有民宿。是近些年来新出现的民宿类型。主要是各级政府的国有企业收购的民居或新建的成片民居。

（4）社会民宿。主要是指由社会资本，如私营企业、企业集团等投资建设和经营的民宿。

相关链接 ‹ ···

旅游民宿的等级划分

　　《旅游民宿基本要求与评价》（LB/T 065—2019）对旅游民宿的等级划分进行了规定，现节选如下。

4　等级和标志

4.1　旅游民宿等级分为3个级别，由低到高分别为三星级、四星级和五星级。

4.2　星级旅游民宿标志由民居与五角星图案构成，用三颗五角星表示三星级，四颗五角星表示四星级，五颗五角星表示五星级。

4.3　旅游民宿等级的标牌、证书由等级评定机构统一制作。

6　等级划分条件

6.1　三星级

6.1.1　环境和建筑

6.1.1.1　周边环境应整洁干净。

6.1.1.2　建筑外观应与周边环境相协调。

6.1.2　设施和设备

6.1.2.1　客房应配备必要的家具。

6.1.2.2　客房应有舒适的床垫和床上棉织品（被套、被芯、床单、枕芯、枕套等）及毛巾。

6.1.2.3　客房应有水壶、茶杯。

6.1.2.4　客房应有充足的照明，有窗帘。

6.1.2.5　应有方便使用的卫生间，提供冷、热水。照明和排风应效果良好，排水通畅，有防滑防溅措施。

6.1.2.6　各区域应有方便使用的开关和电源插座。

6.1.2.7　厨房应有消毒设施，并有效使用。

6.1.2.8　厨房应有冷冻、冷藏设施，生、熟食品及半成食品分柜置放。

6.1.2.9　应有适应所在地区气候的采暖、制冷设施，各区域通风良好。

6.1.3　服务和接待

6.1.3.1　各区域应整洁、卫生，相关设施应安全有效。

6.1.3.2　客房床单、被套、枕套、毛巾等应做到每客必换，并能应游客要求提供相应服务。

6.1.3.3　拖鞋、杯具等公用物品应一客一消毒。

6.1.3.4　卫生间应每天清理不少于一次，无异味、无积水、无污渍。

6.1.3.5　应有有效的防虫、防蛇、防鼠等措施。

6.1.3.6　民宿主人应参与接待，邻里关系融洽。

6.1.3.7　接待人员应热情好客，穿着整齐清洁，礼仪礼节得当。

6.1.3.8　接待人员应能用普通话提供服务。

6.1.3.9　接待人员应掌握并应用相应的服务技能。

6.1.3.10　接待人员应保护游客隐私，尊重游客的宗教信仰与风俗习惯，保护游客的合法权益。

6.1.3.11　夜间应有值班人员或值班电话。

6.1.4　特色和其他

应为所在乡村（社区）人员提供就业或发展机会。

6.2　四星级

6.2.1　环境和建筑

6.2.1.1　周边环境应整洁干净，绿植维护较好，宜有良好的空气质量和地表水质。

6.2.1.2　周边宜有医院或医疗点。

6.2.1.3　周边宜有停车场，方便出入。

6.2.1.4　周边宜有地方特色餐饮。

6.2.1.5　周边宜有地方生产生活方式活动体验点。

6.2.1.6　建筑外观应与周边环境相协调，宜体现当地特色。

6.2.2　设施和设备

6.2.2.1　客房应配备必要的家具，摆放合理、方便使用、舒适美观。

6.2.2.2　客房应有舒适的床垫和柔软舒适的床上棉织品（被套、被芯、床单、枕芯、枕套及床衬垫等）及毛巾。

6.2.2.3　客房应有水壶、茶杯和饮用水。

6.2.2.4　客房应有充足的照明，有窗帘，隔音效果较好。

6.2.2.5　应有方便使用的卫生间，24小时供应冷水，定时供应热水。照明和排风应效果良好，排水通畅，有防滑防溅措施。客房卫生间盥洗、洗浴、厕位宜布局合理。

6.2.2.6　各区域应有满足游客需求、方便使用的开关和电源插座。

6.2.2.7　宜有满足游客需求、方便使用的餐饮区。

6.2.2.8　厨房应有消毒设施，有效使用。

6.2.2.9　厨房应有与接待规模相匹配的冷冻、冷藏设施，生、熟食品及半成品分柜置放。

6.2.2.10　应有清洗、消毒场所，位置合理，整洁卫生，方便使用。

6.2.2.11　应有布局合理、方便使用的公共卫生间。

6.2.2.12　应有适应所在地区气候的采暖、制冷设施，效果较好，各区域通风良好。

6.2.2.13　宜有与接待规模相匹配的公共区域，配置必要的休闲设施。

6.2.2.14　室内外装修宜体现文化特色。

6.2.3　服务和接待

6.2.3.1　各区域应整洁、卫生，相关设施应安全有效。

6.2.3.2　客房床单、被套、枕套、毛巾等应做到每客必换，并能应游客要求提供相应服务。

6.2.3.3　拖鞋、杯具等公用物品应一客一消毒。

6.2.3.4　卫生间应每天清理不少于一次，无异味、无积水、无污渍。

6.2.3.5　应有有效的防虫、防蛇、防鼠等措施。

6.2.3.6　应提供或推荐多种特色餐饮产品。

6.2.3.7　接待人员应热情好客，穿着整齐清洁，礼仪礼节得当。

6.2.3.8　接待人员应熟悉当地文化旅游资源和特色产品，用普通话提供服务。

6.2.3.9　接待人员应掌握并熟练应用相应的服务技能。

6.2.3.10　接待人员应满足游客合理需求，提供相应服务。

6.2.3.11　接待人员应保护游客隐私，尊重游客的宗教信仰与风俗习惯，保护游客的合法权益。

6.2.3.12　夜间应有值班人员或值班电话。

6.2.4　特色和其他

6.2.4.1　宜建立有关规章制度，定期开展员工培训。

6.2.4.2　宜建立水电气管理制度，有设施设备维修保养记录。

6.2.4.3　宜提供线上预订、支付服务，利用互联网技术宣传、营销。

6.2.4.4　宜购买公众责任险以及相关保险。

6.2.4.5　应为所在乡村（社区）人员提供就业或发展机会。

6.3　五星级

6.3.1　环境和建筑

6.3.1.1　周边环境应整洁干净、环境优美，宜有良好的空气质量和地表水质。

6.3.1.2　周边宜有医院或医疗点。

6.3.1.3　宜设有民宿导向系统，标志牌位置合理、易于识别。

6.3.1.4 周边宜有停车场，方便出入。

6.3.1.5 周边宜有较多地方特色餐饮。

6.3.1.6 周边宜有地方非遗、风俗、生产生活方式等活动体验点。

6.3.1.7 建筑外观应与周边环境相协调，宜就地取材，突出当地特色。

6.3.2 设施和设备

6.3.2.1 客房、餐厅、公共活动等区域应布局合理。

6.3.2.2 客房应配备必要的家具，品质优良，摆放合理、方便使用、舒适美观。

6.3.2.3 客房应有品质优良的床垫和床上棉织品（被套、被芯、床单、枕芯、枕套及床衬垫等）及毛巾。

6.3.2.4 客房应有水壶、茶具和饮用水，品质优良。

6.3.2.5 客房应有充足的照明，有窗帘，遮光和隔音效果较好。

6.3.2.6 客房应有方便舒适的独立卫生间，24小时供应冷、热水，客用品品质优良。照明和通风应效果良好，排水通畅，有防滑防溅措施。盥洗、洗浴、厕位布局合理。

6.3.2.7 餐厅宜氛围浓郁、方便舒适，满足游客需求。

6.3.2.8 各区域应有满足游客需求、方便使用的开关和电源插座。

6.3.2.9 应有专门的布草存放场所，位置合理，整洁卫生。

6.3.2.10 宜提供方便游客使用的消毒设施。

6.3.2.11 厨房应有消毒设施，有效使用。

6.3.2.12 厨房应有与接待规模相匹配的冷冻、冷藏设施，生、熟食品及半成食品分柜置放。

6.3.2.13 应有清洗、消毒场所，位置合理，整洁卫生，方便使用。

6.3.2.14 应有布局合理、整洁卫生、方便使用的公共卫生间。

6.3.2.15 应有适应所在地区气候的采暖、制冷设施，效果较好，各区域通风良好，宜采用节能降噪产品。

6.3.2.16 应有主题突出、氛围浓郁、与接待规模相匹配的公共活动区域，配置必要的休闲设施。

6.3.2.17 室内外装修应材质优良，宜体现地方文化特色，有主题。

6.3.2.18 宜提供方便有效的音响、充电、调控等智能化设施。

6.3.3 服务和接待

6.3.3.1 各区域应整洁、卫生，相关设施应安全有效。

6.3.3.2 客房床单、被套、枕套、毛巾等应做到每客必换，并能应游客要求提供相应服务。

6.3.3.3　拖鞋、杯具等公用物品应一客一消毒。

6.3.3.4　卫生间应每天清理不少于一次，无异味、无积水、无污渍。

6.3.3.5　应有有效的防虫、防蛇、防鼠等措施。

6.3.3.6　应提供或推荐多种特色餐饮产品。

6.3.3.7　接待人员应热情好客，穿着整齐清洁，礼仪礼节得当。

6.3.3.8　接待人员应熟悉当地文化旅游资源和特色产品，用普通话提供服务。

6.3.3.9　接待人员应掌握并熟练应用相应的服务技能。

6.3.3.10　接待人员应满足游客合理需求，提供相应服务。

6.3.3.11　接待人员应保护游客隐私，尊重游客的宗教信仰与风俗习惯，保护游客的合法权益。

6.3.3.12　夜间应有值班人员或值班电话。

6.3.3.13　宜提供接送服务，方便游客抵达和离开。

6.3.4　特色和其他

6.3.4.1　民宿主人宜有亲和力，游客评价高。

6.3.4.2　应提供不同类型的特色客房。

6.3.4.3　宜建立健全有关规章制度，定期开展员工培训，效果良好。

6.3.4.4　宜建立食品留样制度。

6.3.4.5　宜建立设施设备维护保养、烟道清洗、水箱清洗等管理制度，定期维护保养、有效运行。

6.3.4.6　宜建立健全水电气管理制度，有台账记录。

6.3.4.7　宜提供线上预订、支付服务，利用互联网技术宣传、营销，效果良好。

6.3.4.8　宜购买公众责任险以及相关保险，方便理赔。

6.3.4.9　应有倡导绿色消费、保护生态环境的措施。

6.3.4.10　应为所在乡村（社区）人员提供就业或发展机会，参与地方或社区公益事业活动。

6.3.4.11　宜参与地方优秀文化传承、保护和推广活动，定期为游客组织相关活动，有引导游客体验地方文化活动的措施。

6.3.4.12　宜利用地方资源开发旅游商品和文创产品，与当地居民或村民有良好互动。

三、民宿的基本特性

好的民宿能够很好地将天然的山水、传统的街区、独特的民居有机地结合起来，更符合人们心中对"乡愁"的渴望。具体来说，民宿具有图1-5所示的几个特性。

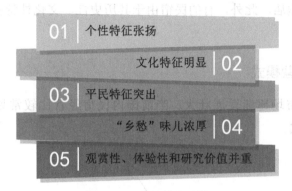

01 个性特征张扬

文化特征明显 02

03 平民特征突出

"乡愁"味儿浓厚 04

05 观赏性、体验性和研究价值并重

图1-5 民宿的基本特性

1.个性特征张扬

从起源和本质上讲，民宿就是民居，就是老百姓的住宅。百姓分布各地，接受不同文化、不同风俗、不同传统、不同家教的熏陶，在选择和建设自己的住宅时，无不受到这些熏陶的影响，显得各具特色。

此外，由于是民居，是老百姓自己的房子，较少受到来自各方面的干扰，所以，在选址、朝向、设计、用料、内饰、规模、体量等方面，都充分体现主人的意愿。

2.文化特征明显

民宿是一种建筑，建筑是一种文化，是文化的物化表现形式之一。因此，民宿虽然个性化特征明显，但脱离不了当地文化的影响，在外观、建筑风格、内部设施等方面都能体现本土文化特色。

3.平民特征突出

由于民宿是由老百姓的房子演变而来的，它的过去就是民居、民房。在没有"民宿"一说之前，即便是接待客人，也是属于"留宿""搭铺"性质，是行善事、做好事，没有多少商业性质的成分。正因为它不是以盈利为目的，所以也不会刻意"打扮"，而是"我怎么住客人也怎么住"，以素颜待人，以本来面目待客。由这种民居脱胎而成的民宿，尽管千变万化，但万变不离其宗，它的本质是变不了的，它的平民化特征是变不了的。

4."乡愁"味儿浓厚

由于民宿历史痕迹明显，乡土气息浓厚，贴近甚至融入百姓生活，因此，很容易引起人们的思乡之情，勾起人们的儿时回忆，是典型的"乡愁"型旅游产品。这是民宿的典型特征，也是民宿的吸引力、生命力所在。

5.观赏性、体验性和研究价值并重

一幢民宿，往往是一段历史的截图，一种文化的化石，一种风俗的遗存。同时，住民宿可以让人体验当地百姓的生活，领略当地的民风民俗，品味地道的当地美食，其体验性不同于住宾馆酒店。此外，有的民宿由于其历史性、文化性特征，具有较高的研究价值。

四、民宿的经营模式

近年来，民宿市场逐渐发展壮大。当前国内民宿经营比较常见的方式主要包括图1-6所示的三种模式。

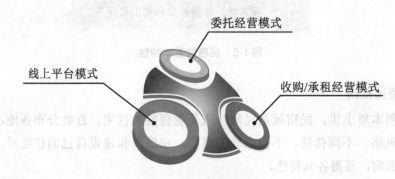

图1-6　民宿的经营模式

1.线上平台模式

目前，国内有一些民宿平台，主要为民宿主人与民宿客人提供线上信息交换服务，以互联网为依托整合线下各类民宿资源，为消费者提供全面、多样的住宿选择。上述平台通常不参与民宿的经营管理，一般只负责对线上发布的民宿的基本信息和资质条件等要素做必要审核，而由民宿主人在线下向民宿客人提供入住服务。在目前的国内市场中，全球民宿业知名企业Airbnb及本土平台小猪、途家等通常可归入此种模式。

在该模式下，民宿平台往往能够汇聚大量的民宿房源和消费客户，从客户体验上能够提供多种类的产品需求，同时在平台上可以形成信息量巨大的云数据。但民宿平台也存在一些潜在的问题，如平台上民宿服务的质量难以把控，服务水准参差不齐等。

目前，为了提升平台的服务质量，一些企业正在尝试打造出更为精准定位的民宿平台，如Airbnb推出了Airbnb Plus，力图提升品质；又如，雅高收购的Onefinestay在市场上有"高端版Airbnb"之称。

此外，许多民宿平台已不满足于仅仅提供平台服务，希望进一步参与民宿的经营管理，以此满足民宿市场专业化的需求、提升平台上民宿服务的质量。

2.委托经营模式

除上述线上民宿平台外，也有一些民宿管理公司可以为民宿业主提供民宿的集中经营管理服务。在该种模式下，民宿管理公司一般会与民宿业主签订委托管理协议，约定经营投入、收益分配等商业条件，在此基础上由民宿管理公司受托将房屋作为民宿进行集中经营，并以统一的品牌为消费者提供民宿服务。目前国内已经有多个品牌进入民宿托管服务的市场，包括途家、路客、有家、城宿等。

该种模式将民宿的所有权和经营权相分离，不仅一定程度上解放了业主的时间和精力投入，也有利于提升民宿经营的专业化和标准化，提升了民宿经营的效益。但另一方面，民宿管理公司可能会面临来自委托方（即民宿业主）的制约，在资金投入、硬件标准、管理权限等方面是否满足达到管理公司或品牌的要求或许有一定的不确定性，因此民宿管理公司和民宿业主需要妥善处理双方之间的权利义务关系。

3.收购/承租经营模式

除上述两种比较常见的模式之外，还有部分民宿运营商会直接收购或承租房屋，而后再将该类房屋进行装修并作为民宿经营。在此种模式下，运营商与民宿（原）所有权人之间并非委托管理的关系，而是由运营商将民宿所有权或使用权"买断"，民宿（原）所有权人仅收取购房款或租金，民宿的经营风险和收益则由运营商自行承担。

在此种模式下，运营商拥有经营自主权，有利于品牌形象的塑造，也有利于统一的规划和成本控制。但其不确定性也十分明显，首先运营商需要付出资金收购或承租民宿物业，同时运营商需要承当所有的经营风险，因此该种模式对于运营商的经营管理水平提出了较高的要求。

五、民宿的发展趋势

不同于发展初期的散乱，国内民宿行业发展正呈现出品质升级、连锁经营、个性彰显三大趋势。

1.品质升级，民宿行业迅猛发展

有些民宿虽在农村，可无线网络、吹风机、茶点零食应有尽有，用品更换、隐私保护等服务都很专业。更有不少民宿开始愿意花钱让店长、员工参加培训，使从业人员素质逐步提升。民宿和酒店看似都是接待游客，但在员工素质要求上却有很大的区别。酒店分工细致，民宿工作则更综合。前台、保洁、客服等工作，民宿员工都需要掌握一点，综合性要求更高。

随着国内旅游消费市场的升级、共享经济的盛行，高端民宿迅猛发展。

比如，在浙江省德清县，经过10年的发展，特色民宿已有150余家。其中以"洋家乐"为代表的高端民宿2017年接待游客49.8万人次，同比增长34.7%，实现直接营业收入5.8亿元，同比增长27.9%。其中像裸心谷一张床一年产生的税收就能达到10万元。

2.连锁经营，资源利用1+1＞2

《旅游民宿基本要求与评价》（LB/T 065—2019）明确，单幢建筑客房数量应不超过14间，给民宿发展定下了"小而美"的基调。规模小不利于资金、人才等资源的有效利用，民宿在向着连锁化的方向发展。

与传统的连锁酒店简单的"复制+粘贴"不同，民宿的连锁应该突出资源的互补，实现1+1＞2的效果。

比如，云南大理的3家民宿——既见·南国、既见·欢喜、既见·苍海，初步形成了"既见"品牌，分别针对不同的消费群体：背包客，旅行家庭和有中长期休闲度假需要的游客。

另外，在信用体系尚不完善的环境下，连锁化的民宿可以让用户选择更安心、住得更放心。

3.个性彰显，结合地方文化特色

重视地方文化特色正成为当前游客们深度游的重要需求之一。"不求最贵，也不求最便宜，只要有特色，只求我喜欢""不住酒店，主要是想通过民宿这个平台，感受一下当地的风土人情"……这些都是旅客选择民宿入住的原因。对于旅客来说，在预订民宿时，他们会更看重建筑风格与装饰特色，是否能够体验到最有特色的地方文化，带来更多惊喜。

比如，在云南丽江市大研古镇城南旧事客栈，院子里石子和瓦片铺地，木质结构的房子古色古香，呈现了丽江民居的风貌。只要入住客栈，就可以免费喝老板自制的桂花茶。除了茶叶，放在客栈公共空间茶几上的零食，游客也可以自行取用。由于熟悉纳西文化，老板经常给游客讲关于丽江的故事，还带游客去听纳西古乐、体验东巴纸的制作……

"民宿+"正为这个行业发展带来更多个性化的可能。随着民宿行业的迅速发展，民宿+农业、民宿+户外运动等多行业融合的"民宿+"经济正日趋完善。

第二节　市场调研

民宿除了要有情怀、有故事、有服务之外，民宿所在地的客观条件是民宿能否成长的基础。因此，在民宿投资前期，要对目标市场进行调研。只有通过调研，了解客栈民宿的行业信息，才能在投资的时候做到心中有数。

一、区位和市场总量调查

选择区位就是选择市场，区位决定了市场总量如何、竞争情况如何、客源构成等。

比如，市场大、淡旺季不分明代表你的盈利上限高（成本另外分析），竞争压力大代表行业交替速度快（存在大量的转让和倒闭），休闲度假游发展越好代表高端民宿的土壤越好。这样的市场适合有成熟运作经验的入局者，硬件与设计都必须跟上才可能在产业升级阶段分到一杯羹。

市场总量，应该从宏观和微观两个方面去调查。宏观方面可以从经济形势及民宿行业发展趋势分析；微观方面可从所在地的民宿市场需求以及行业竞争形势入手。

投资者可从地方旅游局发布的信息中获取以下数据。

（1）区域内年客流量、客流量月份分布、淡旺季分布、客流量年增幅等情况。

（2）和往年同期相比较，流量是上升、持平还是下滑？

（3）调查客源地及客人逗留的天数。

市场情况不同决定了民宿定位的不同，是经济型民宿、中高档民宿、轻奢型民宿还是高档精品民宿，这都跟市场总量有很大的关系，需要认真的调研分析，认真分析区域的经济发展水平和旅游资源条件。

二、区域内交通系统调查

作为一个需要消费者到达消费的行业，消费者到达的便利性是尤其重要的因素。距离市场的远近决定了投资客栈民宿潜在客群的规模。随着中国各种交通网络布点的完善，特别是高铁和机场建设的推进，时间距离成为和物理距离同样重要的影响消费者的参考项。

比如，对于定位为观光游或景区配套的民宿来说，公共交通可达核心景观的时长不宜超过30分钟。对于客群定位为城市近郊自驾休闲度假群体的民宿来说，距离一二线城市主城区不宜超过2小时车程；距离临近知名景点不宜超过半小时车程；而在三四线城市，对自驾时间要求则更短。

投资者可从以下几个方面入手来做好区域内交通系统的调查。

（1）从周边城市过来最多需要多少个小时的车程，中间是直达还是需要换乘？

（2）周边有没有机场？

（3）可直飞哪些城市？

（4）有没有高铁？

（5）有没有高速公路？

（6）与之配套的交通网络及交通体系是否完善？

三、区域自然环境调查

自然环境是相对社会环境而言，是指由水土、地域、气候等自然事物所形成的环境。对于民宿投资者来说，应重点做好区域内以下几个方面的环境调查。

1.气候环境

度假指向的民宿产品，气候是一个重要条件，而且在所有条件中，也是最稳定的一个要素，长时段内不会发生剧烈变化。常年温度的宜人，光照及降水的适度，不会出现长时段的极端天气，都是通行的前提。

比如，中国北方的部分区域，属于季风性气候，夏天炎热，冬天寒冷，再如青藏高原地区，自然条件较为恶劣，适合营业的日期较为有限，都难以形成全国性大规模客栈集群。

💠 **小提示：**

适宜的气候可以拉长运营时间。四季分明，冬季长的区域，要考虑淡季运营的问题。

2.生态环境

因为民宿属于休闲旅游的范畴，消费群体大多来自城市，一定意义上，他们是希望对日常生活进行一种转换，因此，所处区域的生态环境好坏是客户进行选择的重要参考项，空气、水质好；周遭环境无破坏，无过多违和建筑，保持一种原生态是最理想的情况。

3.区域景观独特性

民宿其实是游客出行的集成点，民宿的选择其实是综合了旅行度假的诉求。或者说，一个区域民宿的客户来源，很大一部分是对于旅行度假住宿群体的配套。因此，所处区域景观的独特性就显得尤为重要，景观的独特性意味着带来的客群流量。如果所处区域有一个5A的景区，或者有一个世遗景点，那对应的流量就比普通的区域更有竞争优势。

💠 **小提示：**

依山傍水的位置、古树、文化遗迹以及绝佳的观景视野都会给民宿加分。

四、投资环境调查

投资环境是指投资经营者的客观条件，影响和决定投资环境的因素有很多，民宿投资者应重点关注以下几个方面。

1.当地政策

当地政府的态度决定着民宿能否健康持续发展。由于每个地区的政策不同，投资者在前期就应对当地政策做好调研，了解当地政府对民宿态度，是积极支持引导还是放任不管。

比如，当地政府有无客栈民宿管理条例、关于办理各种证照的流程及难度。

因不同区域的地方政府对该行业所抱持的态度不一样，运营所需证件办理的难易程度，政策性的利好或利空，都有可能对投资项目造成巨大影响。

2.配套设施

区域内的配套设施怎样？包括选址地方的商业氛围怎样？水电网、道路、路灯、排水系统、防灾等基础设施是否完善？周边超市、餐饮、公交、银行、娱乐设施、派出所、医院等配套的公共设施是否齐全等。

对于民宿来说，作为经营主体所需要的水、电、排污、消防等诉求都需要重点考虑，所在地如果基础配套不全面，就会导致整体的建设运营成本偏高。特别是在一些风景区内，排污管网设施，水电通路，都要做系统的考虑。

五、当地民宿业态调查

民宿大部分客流是区域周边城市过来的游客，投资者应调查以下方面的事项。

（1）区域依附城市的数量有多少个？经济水平如何？是否有旅游的习惯？出行的频次如何？

（2）当地的旅游业态，是传统观光游？还是休闲度假游？

（3）民宿市场及游客的构成情况怎样？

（4）区域内吸引游客的资源条件有哪些？

（5）如果以传统观光游，景区的品质怎么样？

六、当地民宿业竞争态势调查

对当地民宿业竞争态势调查，可从以下几个方面入手。

（1）投资者可从各大OTA（Online Travel Agency，在线旅游）网站上查询区域内民宿客栈的数量，低、中、高端档次及价格情况。

（2）找出几家可以作为参考的民宿，通过入住体验的方式，详细了解他们的特点、亮点、吸引点，从消费者的反馈中，了解他们有哪些是可以学习的，哪些是要规避的？他们全年经营情况、淡旺季的处理方法、日常的管理方法、营销方法等？

七、区域文化氛围与民情调查

民宿除了投资属性，其本身还带有文化属性，因为其驱动力来源于大家对于这种生活状态的向往，并希望以运营的民宿的形式去实现。对于消费这种住宿形态的群体，也是冲着这种生活方式前来。因此，区域文化氛围是非常重要的因素，也是一个地方能不能吸引很多有这种共同志趣的人前来投资客栈民宿并形成集群的要素。

而所在地的民情，是否让人生活其中感到愉悦，旅行过程中不产生额外的负担，是一种无形的力量，无论对于客栈民宿投资者还是消费者，都是一个重要的选项。

第三节　投资分析

投资运营民宿要有情怀，但最终还是要落实到回报率上。因为成本直接决定收益，所以投资者在筹建一间有盈利能力的民宿时，在前期就要做好成本分析，预估盈利情况，并做好风险评估。

一、前期投入成本分析

前期投入成本包括房租、软装、硬装、床品等。投入适当，"有多少钱，做多少事"是经营民宿的基本原则，不应该跟着潮流，过度投资、申请贷款比例过高，导致最后无法收回成本。不少民宿业者失败的原因就是由于过度投资，遇上客房入住率低、淡季运营困难等情况，难以回本；或是民宿定位不清，难以吸引客人。

1. 房租

如果做高端民宿，租期短就有很大的风险。有业内人士表示，投资酒店或者民宿至少1.5～3年回本，所以合同至少5年起。在租赁物业的过程中，要明确物业是否能起照（获得经营所需的相应执照手续），起照的顺序是：工商的营业执照、消防、特种行业许可证（住宿被国家列为特种行业）、外事（外事就是你是否有接待外宾的资格）、最后是卫生。房租是成本的重要组成部分。房租既是前期投入成本，也是主要的运营成本。

2. 装修费用

装修费用包括软装费用和硬装费用，需要预留10%～15%的超支空间。

（1）软装主要包括常用的地毯、灯具、壁画、相框、书籍、真假绿植鲜花、摆件、家具等。软装得当可以直接提升民宿的吸引力。

（2）硬装就是指吊顶、墙壁、地板等。如果选择基础设施好的房源，就会在硬装上节省资金，毕竟若租期到达，硬装是无法带走的，属于纯投入。

💿 小提示：

> 装修的过程中要注意耐用性和实用性，比如洗手间要注意无异味，做好防水，房间做好隔音，房间内预留足够的电源插口等，床品尽量选择优质床品。

装修除满足基础的住宿条件以外，还要看是否包含其他增项服务，如餐饮、娱乐、亲子、商务、宴会、活动、养生等，如果有还需要配置相应的基础设施。

3.其他费用

此外，成本还包括租房押金、物业费用、中介费用、网络费用、众多日常生活用品采购费用等。小到储物盒、衣架、晾衣架、纸巾盒、吹风机、针线盒、急救箱，细致到游泳圈、水枪、沙滩足球、棋牌等，都要考虑周全。

二、运营成本分析

运营成本包括区域内的物价高低、水电网成本、易耗品费用、日常运营成本、人工成本。区域内的租金成本直接影响着投资回报的速度，投资者要预估清楚所考察区域的租赁成本，这是运营成本中的最大支出。

另外，当地人工成本高低，能否招到合适的工作人员，也是需要调查的事项。要知道，民宿是一个服务行业，需要用心去经营，经营人才是决定民宿运营是否顺利的关键。

三、投资回报分析

对投资者来说，只有在预估可盈利的情况下，才可以投资。因此，做投资回报分析是十分有必要的。其步骤如图1-7所示。

1 根据所包含的所有增项服务以及住宿制定出运营模式，得出所需要的人员编制、服务流程、消耗所需、售卖渠道等，从而设定初步年流水预算

2 根据制定的运营模式得出每一项相应的成本支出，如人工成本、能源成本、客用品成本、销售成本等

3 根据年流水预算和年总运营成本得出利润值，并根据理想回报年限进行调整

4 最终论证投资回报年限

图1-7 投资回报分析

一般来说，民宿客房价格都是透明的，投资者实地调查，就可以预估民宿入住情况，从而也就能预估项目未来的盈利情况了。

四、风险评估

民宿属于一种投资行为，在经营过程中可能存在着各种风险，最后涉及投资回报率、

盈利状况。投资者在投资前要进行各种风险辨识、分析、评估，争取把风险降到最低。民宿运营中常见的风险有以下几种。

1.法律风险

证件不全引发的风险，如缺乏特种行业许可证、消防许可证，导致被政府部门罚款、整顿、取缔，直接导致经济损失。

2.盈利风险

由于竞争激烈、经营管理不善等因素引起的收支不平衡、盈利空间窄、投资回报速度慢，从而带来在盈利上的风险。

3.自然灾害风险

地震、台风、泥石流、暴雨等引发的灾害。沿海一带的民宿，夏季做好预防台风措施，处于山区的民宿应做好泥石流防范工作。

4.意外事故风险

火灾、爆炸是民宿面临的风险之一。一旦发生，后果严重，会给民宿带来重大损失。民宿要做好防火措施，备置消防器材，消除隐患。一些木质构造的客栈民宿，客房内禁止吸烟、点蜡烛。

5.租赁合同风险

合同权责不明，导致双方纠纷或者单方面违约。

6.人身意外风险

客人、员工在民宿内发生意外风险，如客人在店里摔倒、跌落、被器物砸伤等。

第四节　项目定位

定位是民宿投资建设的前提。只有明确了目标市场需求，才能有针对性地创造出合适的产品，提供良好的服务。

一、如何定位

投资者可按图1-8所示的步骤对拟投资的民宿进行定位。

1.前期调研分析

调研分析周边区域及所在区域的民宿，确定区域内竞争对手是谁，有哪些方面做得好，核心竞争力是什么，存在哪些不足。通过分析比较，形成一个较明确的概念。

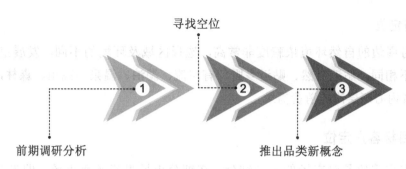

图1-8 定位的步骤

2.寻找空位

利用差异化思维，从用户、场景、产品档次三个角度去分析，稀缺的市场更容易成为突破口。如果一个区域普遍是比较低端的民宿，那么中高端就是空位。在目前的投资环境中，更多的资金流向了高端，动辄投资千万去建设一个民宿。实际上，档次空位也越来越少，而民宿在特定领域的技术积累，形成自己优势的专业化形象，是未来市场用户细分及创建多元场景的方向。

3.推出品类新概念

在民宿这个非标准住宿类别中，推出新品类，如集装箱住宿、帐篷住宿、木屋住宿等品类。除去新品类，还可以在以前的品类中推出一种新概念。

以大理洱海边的海景房客栈为例，"海景房"就是一个品类概念。还有诸如轻奢、唯美、人文等概念性精品客栈民宿品类概念的推出。

二、市场定位

市场定位是指为使产品在目标消费者心目中相对于竞争产品而言占据清晰、特别和理想的位置而进行的安排。对于民宿来说，市场定位的目的，就是通过市场细分，来选择适合自己条件的目标市场，制定有效的市场战略，集中优势，赢得目标市场。

1.地域定位

民宿投资地域的选择。地域定位中，有大地域定位和小区域定位两种。大地域就是某一个省份、城市、县镇、乡村的定位。小区域就是在这些大地域里的某一个区域。

以大理为例，选择大理就是大地域定位；选择大理古城、洱海边、苍山下、沙溪古镇、诺邓这些区域，就是小区域定位。

乡村民宿一般位于人口稠密的大城市周边或者是风景名胜区，这些区域能够为民宿提供源源不断的客源。

2.档次定位

投资前，要清楚你的民宿是要做低端市场、中端市场还是高端市场。对客户市场的细分有了清晰明确定位，才能在民宿建设、经营、营销推广过程中做到有的放矢。

3.环境定位

民宿对周边的自然环境依赖度非常高，选择区域及环境的不同，发展空间、市场、资源等都不相同。贴近自然、贴近乡野，有河流、湖泊、温泉、高山、森林，可以最终征服消费者内心深层次的消费需求。

三、目标客户定位

目标客户定位是对市场的一个细分，在细分市场里找蓝海市场（即未知的市场空间）。能够精确知道我的客人是谁，这一类客人有什么特征，消费习惯是什么样子的。如主题类民宿，这类民宿目标客户是一群喜欢这种主题的人群，诸如动漫主题、茶文化、摄影主题、禅文化主题民宿。其目标客户很精确，沉淀后会形成自己的圈层客户。

1.描摹客户画像

描摹客户画像是对客户标签化及整体化的一个系统性概括，客户画像可以从图1-9所示的几个方面概括。

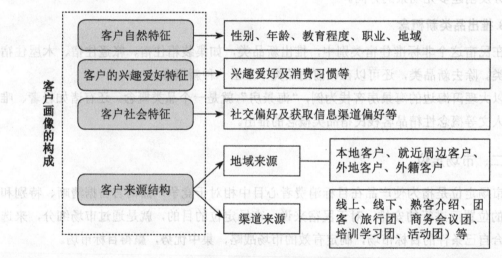

图1-9　客户画像的构成

比如，由一些具有历史文化的老建筑改建修缮而成的客栈民宿，那么它的客户目标简单画像如下。

（1）年龄：35岁以上，受教育程度较高，有一定消费能力的人。

（2）性别：男性客户可能居多。

（3）行为爱好：对历史文化及当地人文层面的东西比较感兴趣。

（4）入住时间：2～3天左右。

只有定位好目标客户群后，才能更好地对民宿的房型、价格、营销策略、渠道等进行定位梳理。知道了我的客户是谁，有什么行为爱好，才能够更好地为这一类人进行有针对性的服务。

2.目标客户群细分

民宿的客户可以粗略分为假期旅游度假人群和周末休闲人群两大类。

比如，以大理、丽江为代表的旅游目的地客户一般是旅游度假休闲人群。而诸如莫干山、杭州的民宿市场，客人一般是来自长三角地区的周末休闲人群。

在旅游度假人群中，又可以细分好多类，如图1-10所示。

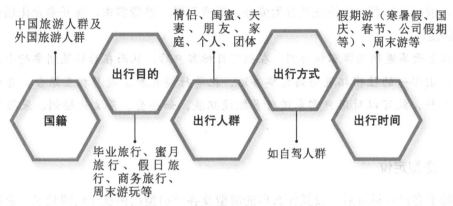

图1-10　假期旅游度假人群细分

不同于酒店，商务会议人群在客栈民宿中的占比很小，不过这是一个细分人群市场。未来，商务会议选择地将会倾向民宿聚集地，一边度假旅游一边开会。

3.精准目标客户群细分

客栈民宿是个性化很强的住宿形态，并且带有强烈的主人化色彩。在设计、经营上有浓烈的主人特征。如民宿主人是一位60后，那么在他的店中，会有很强的属于那个年代的印记。如果主人是一个文物迷，那么在设计中，他会把收藏的文物放在店内，喜欢他店的人也是同样喜欢文物的一群人。

物以类聚，人以群分，主人的存在也是对客群的一个筛选细分。但在这种情况下，并不是每一个客人都会接受认同喜欢其所表现出来的形式及状态。如果二者相互不匹配，客人不认同客栈民宿，客栈民宿不认同客人，就会造成误解。喜欢的人特别喜欢，不喜欢的人特别不喜欢，可能由此造成两极分化。这就需要投资者做好如图1-11所示的需求匹配。

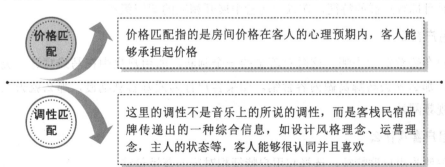

图1-11　需求匹配

比如，某连锁品牌客栈，定位泛蜜月，描摹的客群兴趣爱好特征是一群对浪漫有追求的人，如新婚夫妇、热恋情侣等。在泛旅游人群中通过梳理筛选，细分出这样一个小众人群。

4.人群细分后的关联性需求延伸

对目标客户群精准细分后，有利于客栈民宿后期挖掘客户的更多价值。以目标客户为核心，围绕目标客户的特征及行为爱好、消费习惯，消费需求，展开多元化场景需求刺激及满足。

还以上面某连锁品牌客栈为例，在确定目标客户后，从而在后续策划举行小众婚礼等活动，由单一的住宿拓展为婚礼举办地，把举行婚礼和度蜜月相互结合。再如茶文化主题客栈，就可以对用户需求进行多维度拓展，如茶会、茶文化培训、采茶制茶体验等。

四、房型定位

明确了客户目标群后，设置什么样的房型及各类房型比例就比较清楚了。总房间数多少，大床、标间、家庭房比例多少，以哪类房型为主。

民宿房型一般包括大床、圆床（适合情侣、夫妻等）、标间（适合朋友、团客）、家庭房（适合家庭人群出行）、亲子房（父母带小孩人群）、套房（适合两个家庭）。如果以接待团客为主，那么房型设置以标间为主。如果主打亲子型，就以亲子房型为主。

五、价格定位

在确定了目标客户后，对其经济基础进行一定分析，及对客户的心理预期做出评判。在此基础上，对价格进行定位，做出一个价格系统。

比如，某民宿的客户目标是以学生群体为主，那么价格区间在100～200元。

六、营销策略定位

针对目标客户群的特征，在以后运营中展开相应的营销策略。

1.用户在哪

用户在哪营销就去哪。这时对流量的一个判断，如用户集中在马蜂窝这一类旅游攻略网站，那么就去马蜂窝做内容营销。如果客户行为爱好喜欢动漫，那么就去类似哔哩哔哩等视频网站。

2.用户喜欢什么

了解熟悉用户群特征，选择和用户特征相对应的营销策略。

第五节 规划设计

筹建一间有盈利能力的民宿，规划设计与情怀同样重要。规划设计是民宿特色化的关键。民宿设计的不仅仅是一个建筑、一个房间，更多的是对地域特色、人文情感的传递。

一、民宿的选址

决定民宿成功的因素有很多，建设和运营都是完全依靠后天的控制，而选址是先天性极强的因素，基本上选址一经确定，市场方向就大致确立。可以说，好的选址是成功的一半。选址不理想，后期其他方面做得再成熟也会事倍功半。具体来说，民宿选址的要点如图1-12所示。

01 规划民宿的性质和定位

02 考虑民宿选址周边居住人口与交通

03 重视民宿的地理位置和环境要求

04 掌握民宿行业现状和民宿发展趋势

05 选择合适的民宿地段和区域

06 确定民宿的规模和结构

图1-12 民宿选址的要点

1.规划民宿的性质和定位

在民宿选址之前，要对其性质和民宿主题进行拟定。前期要根据市场调查和实地考察结果，拟定民宿接待住客的层次、民宿管理水平及民宿的特色等，来确定民宿的性质、民宿等级、民宿规模与民宿结构。应尽量选择符合自己特色的主题，一旦发现不足及时对其进行调整和完善。

2.考虑民宿选址周边居住人口与交通

在建造民宿之前，事先要调查该地区的居住情况，经济人口和流动人口应该是以人气旺为佳。同时考虑道路、停车及交通工具的便捷性，使民宿旅客每天出入，无论到哪个方位，都能有方便步行和驾车的通道，让客人有一种轻车熟路之感。

3.重视民宿的地理位置和环境要求

考察民宿选址的地理位置，道路交通，气候气象，地磁方位，环境景观，水文地质，以及地表情况，从而确定民宿建筑样式。地表应该清爽整洁，如果地表情况不好，或低洼，或散发臭气的地方应尽量避开。

4.掌握民宿行业现状和民宿发展趋势

了解该区域内现有的民宿设施与竞争对手民宿的经营特色与状况，是否有新建民宿的规划，以及区域内饮食设施、规模特色、营业时间、顾客层次、消费单价、营业额、菜系和菜单内容等，都要做详细的规划。

5.选择合适的民宿地段和区域

一个地区范围内是否有提供民宿、住宿、餐饮服务等各项设施和场所的需求，民宿的客源是否有保证，对这些设施与场所的现状作出分析是地区评估的内容之一。除此之外，还要查看区域内的风景游览，文化娱乐、体育活动等。这些因素的规模、数量、大小，对民宿的建造很有参考价值。

6.确定民宿的规模和结构

民宿的规模和结构，要由市场需要、经营方式来决定，除客房部分外，其他公共活动部分和饮食部分也需占一定比例，如餐厅、客厅、停车场、文化娱乐等各种设施，并综合考虑场地、交通、区域环境、民宿行业现状的影响。

 **相关链接**

不同类型民宿的选址要求

在这里，我们把民宿分为两大类，即城市民宿和乡村民宿。城市民宿分为两个子类，即城市内独套民宿和城市周边的独栋别墅；乡村民宿分为四个子类，即景区民宿、城市后花园民宿、乡野民宿、大配套民宿。如下图所示。

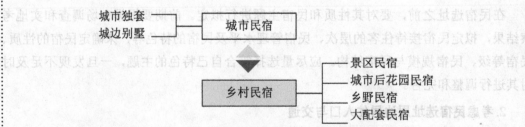

1.城市独套民宿

比如上海黄浦、徐汇区或杭州东站旁的独套民宿，日租可能在300～900元之间。

（1）选址必须项

① 所选城市为旅游城市，最好是一线和准一线的旅游城市，比如上海、北京、

广州、深圳、杭州、成都等。二线以下城市对旅游客群的吸引力相对较小,往往是依托农村的景区,而且三、四线城市的高星级酒店也较便宜,民宿空间小。

② 所在小区必须为市中心或离市中心不远,或交通非常方便。住城市民宿的客人除了商拍、轰趴等特殊用途外,大多数为到这个城市来旅游的客群,在一个城市旅游的消费者住在这个城市郊区的概率非常低。

③ 所在物业的物业管理不能非常严格,不然会对之后的运营产生很大麻烦。

(2)选址加分项

① 到机场、高铁站有直达的轨道交通或交通比较便利。出租车自然是一个常用的选择,但是相对于年轻的旅游消费群体,频繁乘坐出租车也会增加相应的费用,成为降低非交通覆盖区域内民宿受欢迎程度的原因。

② 周边有一些休闲娱乐区域或与用户到访的安排相近。比如喜欢老上海腔调的,可能喜欢租住在上海迪士尼附近的民宿;要看演唱会的,可能会在梅赛德斯奔驰文化中心附近找民宿;喜欢西湖的自然会优先选择西湖边的民宿。

2.城市周边别墅

和城市内的民宿相反,城市周边的别墅主要客群来自这个城市的客人。比如上海莘庄的某独栋别墅,客户在周末包栋,日租可能在1500~3500元不等。因此,城市周边别墅的选址地点主要考虑城市内年轻人群体在节假日和周末的度假诉求。

(1)选址必须项

① 所选地点为一、二线城市的周边,离主流消费群体的车程至多在1.5~2小时以内。考虑到主流群体的度假诉求和消费能力,主要以一线城市和二线城市为主,但是随着时间的推移,必然这种度假模式会向下延伸。

② 所在小区所属位置环境良好,且较为独立。城市周边别墅的度假主要为城市里小群体的度假和大群体的轰趴,对别墅位置所处的环境要求非常高。诸如上海的佘山、杭州的余杭等地的环境都比较适合打造度假别墅。

③ 所在物业的物业管理不能非常严格,不然会对之后的运营产生较大的麻烦。

(2)选址加分项

① 如果有轨道交通的直达将大大加分。

② 交通道路适合自驾,最好高架或高速可直达周边。和城市周边的乡村民宿类似的,城市周边别墅也非常适合自驾,但不同于乡村民宿的中短途自驾,之所以选择城市周边的别墅,因为度假群体对路上所花费的时间和度假的时间预期要求非常高,所以如果度假别墅的选址可以在方便自驾或缩短所花时间的区域内,则非常有利。

3．景区民宿

景区民宿是现在乡村民宿的一个重要组成，占总量的70%以上，也是很多所谓的"特色小镇"打造的落地重点内容。很多A级景区自带品牌效应，对民宿的流量是一个很大的利好。所以很多投资者都会围绕着景区来选址。比如，浙江地区就有莫干山、楠溪江、雁荡山、新安江、天目山、大明山、太湖源、舟山群岛、西湖等知名景区和无数围绕在他们周围的民宿。

（1）选址必须项

① 道路配套完善，下高速后自驾尽量不超过30分钟。景区民宿的消费较高，主流群体不再是过去的跟团旅行一族，现主要以周边发达和较发达的城市自驾游客人为主，所以道路配套的完善非常必要。如果游客自驾下车后，还要徒步50分钟上山，这样的民宿纵然再有特色、山上的风景再好，也必然投资失败。

② 租金成本低。民宿项目投资失败，90%以上原因在于高运营费用。而租金成本，则是运营费用的大头。很多景区的房东倚仗景区优势，对自己的老房子要高价，让投资者难以盈利。若房子差，一次性的高成本改造可能可以扭转现状，但持续的高租金投入，将会是民宿运营的噩梦。

（2）选址加分项

① 离景区的景点较近，甚至在民宿客房可以看到景区风貌。

② 可以提供景区项目和民宿的套票。有些景区的门票比较贵，或者是景区内的项目票比较难买，比如大明山的滑雪场门票，舟山群岛的船票等。如果民宿主可以在提供民宿的同时为客人提供联票服务，则将会大大提高竞争力。

4．城市后花园民宿

这类民宿区域比较特殊，和主要城市区相连，但也相对独立。城市后花园民宿的消费群体主要为这个城市的居民。比如上海的崇明、温州鹿城的七都等。外地客人造访崇明的比较少，因为毕竟游玩上海市区就会花去大量的时间。所以，这些地区的民宿，往往就是瞄准主体城市的消费者。

（1）选址必须项

① 民宿本身的设计风格。城市后花园型民宿的设计风格比较重要，相对来讲，不同于很多热门景区和商务区，后花园民宿的被动型选择非常小，大多都是提前在线上预订，都是消费者的主观选择。那么对目标群体有吸引力的具有良好设计感的风格就很重要，作为线上图片营销的基础。

② 增值服务和管理。不同于景区，城市后花园民宿一般并不具有非常多的游乐配套。民宿的本身吸引力是作为目的地的理由之一，而如果有儿童娱乐、简餐、休闲

饮品等配套服务,将直接为民宿加分。

（2）选址加分项

不同于景区,城市后花园民宿是可以重复消费的。所以是否有亲和力的管家也是城市后花园型民宿的关键点之一。

5. 乡野民宿

乡野民宿是乡村民宿的一个细分,是指在一些还相对封闭的村落里建设的环境较为原汁原味的民宿,或是建在一些比较原生态的村庄、林地、山地、田地里等。当然,乡野民宿以后有作为景区民宿的潜力。

（1）选址必须项

① 环境。用户之所以选择乡野民宿而不是景区民宿,良好的环境、安静的氛围和纯正的乡土人情是他们考虑的第一要素。未开发的湖边、深山老林或是村落深处,都是不错的选择,同时带来的好处就是,租金成本可控。但如果选择荒岛和山上,则改造成本会增加很多。

② 交通配套。乡野不代表不便利,同样是下高速后30分钟左右的车程最佳。

（2）选址加分项

可参考城市后花园民宿。

6. 大配套民宿

不同于景区和乡野,也无所谓是否在城市和乡村,决定这个民宿概念的是周边的一个独特的配套,这个配套本身是个大品牌可以吸引客源。比如上海的迪士尼或常州的恐龙园等。不同于景区有天然的形成因素,大配套往往是后期打造的强品牌,优势是周边的交通等其他配套会非常完善。

（1）选址必须项

① 大配套品牌的固定流量和消费群体契合。景区可能会吸引各种各样的消费群体,从中挖掘一部分符合条件的作为用户群,就能供起民宿的运营。大配套品牌在消费人群上有一定的局限性,但同时也具有更强的针对性。比如,在上海迪士尼周边做一个老中式的民宿就是下策,但如果做一个漫威主题的民宿就可能会有不错的效果。另外,应尽量回避淡旺季非常明显的大配套品牌。

② 交通配套。首选在离大配套品牌出入口20分钟左右车程为佳,如果能做专车接送则更好。

（2）选址加分项

可以提供配套项目的套票或联票等。

二、民宿的设计

民宿设计不只是简单的住宅设计，而是根据原来住宅的特点，设计出一种有别于城市生活的生活形式。这是一种生活方式的系统设计，这种生活形态的建构包括建筑的设计、环境的规划和生活氛围的营造。具体来说，在民宿的规划设计中，可遵循图1-13所示的原则。

图1-13　民宿的设计原则

1.本土

旅客在挑选民宿时，更多的是关注当地的景观与文化特色，而民宿是该地区文化的展示窗口，是最适合表现当地特色与风情的地方，也是最吸引旅客的地方。

民宿设计，必须充分挖掘和突出当地文化元素，让游客体验与自己所在地文化的不同之处。如果民宿不断地吸引回头客，则说明民宿设计满足了游客探索当地文化、生活方式的好奇心，这样的设计才是成功的。

2.业态

民宿因其独特的设计理念和建筑风格，注定了面对的是小众市场。因此，在对民宿设计之前，必须找到要服务的客群，选择合适的客群，有针对性地进行设计和营建。民宿的房间数不宜过多，一般为15间以下，有的民宿客房只有5间，有的面积在150平方米以下。说明民宿不必追求规模与奢华，精致、有特色、小而美才是民宿的基本业态。

> **小提示：**
>
> 　　通过投入合适的成本与设计，让效果最大化，营造出一个极具特色且舒适的住宿空间，给客人留下美好印象。

3.自然

做民宿不能只把"房间"做出来，还要把当地人的生活做进去，把当地的文化特色做进去。

在将老民居、民宅改造成民宿的过程中，需遵循质朴、自然的设计原则。除必要的安全和服务设施外，力求对原来的建筑、室内设计、生活环境破坏最小，不能因为在哪个地方看到别人的民宿做得好看，就把这些老建筑拆了去仿造。

4.文化

一座民居住宅，里面满屋都是民俗文化。当地人的宗教信仰、家训家教、价值取向等当地风俗的文化符号，集中体现在民居的室内外。很多旅客之所以选择民宿，就是为了这种体验。

所以，做民宿不能脱离当地民俗文化，不能只重视外表，而是要把民宿内在的东西做出来，把当地的风俗习惯融入进去，把民宿的灵魂做出来，这样的民宿才有生命力。

5.生活

民宿设计时，要研究当地人的民俗风情、宗教信仰、生产劳动情况，尽量把当地人的生活融入民宿设计中，把当地人的生活情趣呈现出来，保持当地人生活习俗的原形和原貌，让游客真切体验当地人的生活传统。

6.融入

民宿设计要融入当地环境，融入当地的建筑风貌、融入周边的环境。无论是建筑、设施还是业态，要尽可能就地取材，尽可能保护原建筑的特点，尽可能保护原生态环境，营造人与自然的和谐统一，让民宿再现当地的生活风貌。

同时，在民宿里，再设计一些体验项目，比如找当地的说书人、艺人来民宿表演，让旅客感受地道的本土文化，体验当地人的真实生活，让旅行更加丰富多彩。

7.差异

在营建民宿时，虽然追求融入当地，但如果真的和当地民居差不多，未必就能吸引游客。所以，民宿改造在融入地方特色时，要有所提炼、有所创新，将民宿整体艺术化、差异化，如此才能吸引游客。

8.环保

民宿选址通常会选择人文或自然环境价值比较高的地方，这样才能吸引游客，这充分说明环境的价值。因此，在民宿营建过程中，合理开发和利用当地的自然资源，并对这些资源采取充分的保护措施，以免生态环境遭到破坏，好让受到保护的环境在民宿投入营业之后，成为吸引游客的亮点，为你带来滚滚财源。

9.回归

突显回归的每家民宿都会选择一个有特色的地方。或许靠近雪山，观白雪皑皑的圣洁；或许住在高原，感受环境带来的独特体验；或许选择山间旷野，追求与自然的融合；或许选择乡村，品味轻松惬意的慢生活。总之，这些民宿都是游客在寻找一种对自然回归的绝佳去处。这就是民宿，一个规划不大，隐秘于自然之中的居所，演绎一种追求回归自然的态度。

10. 个性

民宿设计在整体空间构成和装饰设计中，一方面，把当地传统文化元素挖掘利用最大化；另一方面，通过设计，提炼更具个性化的现代元素，充分体现民宿独有的特色，创造民宿本身的艺术魅力与价值，使民宿设计具有独特的创意。有个性、有亮点、有风格的民宿，才能对吸引小众客群。

11. 舒适

民宿是旅客的住宿场所，只有让旅客住得舒服，你的民宿才会有好的口碑，才能维持旅客持续的热度。所以，民宿空间的舒适感很重要，设计师应当提炼当地乡村的民俗风情作为设计元素，结合主题、特色、营造更为舒适的环境氛围。

12. 出新

民宿设计应处理好传统和现代的关系，让传统和现代共存，是传统文化的现代解读，是传统资源挖掘的现代产品，也是传统产品通过现代市场得到的保护和传承。

相关链接

乡村民宿筹建规划的原则

1. 区位品级是前提

区位是指主体所处的特定场所与空间。区位品级则是特定场所或空间各种条件因素的丰厚程度与能量大小。区位品级的高低直接影响到主体的市场覆盖能力、产品差异化吸引能力、品牌塑造能力、议价能力和可持续创新能力。因此，要从区位论的角度研究乡村民宿，即要研究乡村民宿在特定场所或空间能够获得最佳综合效益的空间组织优化问题，要求充分考虑不同区位各种条件因素的差异，实施最优化的选址决策。乡村民宿的区位条件因素包括以下几种。

（1）气候因素。包括常年体感温度情况、季节反差程度、不适宜天气（如严寒、酷暑、台风、沙尘暴、雾霾、阴雨等）出现的概率与日数等。气候条件直接决定着乡村民宿经营的淡旺季，影响经营效益。

（2）自然环境因素。能否有效地放空身心、摆脱日常生活的羁绊是消费者选择乡村民宿的重要标准，空气洁净程度、自然景观美感度以及植被多样性、风土人情独特性等要素，成为人们体验不同生活方式的重要内容，"水光潋滟晴方好，山色空蒙雨亦奇"是乡村民宿最大的卖点。

（3）文化资源因素。所在地的风土人情、历史遗存、灵山古镇、风味特产等文化资源能否支撑人们以乡村民宿为中心、点线交织，放射性出行，为放空的心灵注入更深层次的精神体验，决定着乡村民宿产品多样性组合的丰富程度和风格品位。

（4）社区因素。包括所在地政府对待旅游业、住宿业的态度，相关政策、社区发展目标规划、土地、物业的基本情况；所在地居民对待外来者的态度、诚信水平、服务意识、基本修养与习惯，人力资源储备情况；交通通达性、其他基础设施完善情况等都将制约乡村民宿的建设、生存与发展。

区位品级高低决定着乡村民宿未来市场的广度与深度，影响着乡村民宿规模、投资大小、服务功能设置、预算决算、人力资源计划、品牌设计与推广等发展战略决策，更决定着乡村民宿风格、产品设计、服务方式、市场营销方式等经营策略的制定，制约着乡村民宿核心竞争力的培养和建设，必须慎之又慎。

2. 专业性是基础

专业性是指乡村民宿建造、装修、经营管理与服务等方面所达到的专业化程度。要求乡村民宿在设计、建设与运用过程中，高度关注地理位置、周边环境、交通可进入性、地方特色、物业基础、实际经营者文化素养、产品基本舒适度、互联网平台、宾客选择自由度等要素，其中每一要素又包含若干专业化要求。

依据乡村民宿特质，适应市场需求，注重产品的品质与系统的有效性能是乡村民宿产品开发的专业性体现。具体来说，乡村民宿的专业性体现在理性科学的市场定位、功能定位与特色定位；体现在产品配置的人体工程学水平；体现在艺术装饰对美学规律的遵从；体现在服务的温馨、亲切与趣味上。

只有充分尊重人性需要，具有专业化意识，才能将住宿业安全、卫生、舒适、方便的基本特性与乡村民宿特有的人气、地气、文气紧密结合，实现乡村民宿市场美誉与经济效益的统一。

3. 个性化是动力

乡村民宿作为一种特殊性住宿产品，消费者更加期待乡村民宿产品的差异化和个性化特质。文化与功能交融，品位与服务齐晖是乡村民宿市场竞争力的核心。但个性绝不是随意，从行业整体角度，需要不同的乡村民宿呈现出不同的个性和特色，以满足多元化、多样性的市场需求，但对具体的乡村民宿而言，个性来自乡村民宿主人的文化痴迷和人文精神，可以通过以下四种途径得以实现。

一是乡村民宿主人对所在地风土人情具有浓厚的兴趣，有一定理解，为乡村民宿产品开发找到了丰富的营养和素材。

二是乡村民宿主人拥有将所在地文化资源转化为具有市场吸引力产品的能力和眼光，市场化的思维、创新的意识与专业化的技能帮助乡村民宿主人艺术地将文化元素转化为可感知、可触摸、可体验的硬软件产品，对文化独特的审美品位更给乡村民宿产品打上深刻烙印，注入艺术性、时尚化的美学灵魂。

三是乡村民宿主人的文化分享热情，以"发烧友"的热度，以"朋友"的亲和力，以"说书人"的韵味向消费者讲述当地的风土人情，介绍乡村民宿产品的美学思考，讲述乡村民宿空间细节的隐喻趣味，从而使静态的乡村民宿空间环境转化为动态的产品，凸显特色。

四是乡村民宿主人在以宾客为中心理念的基础上，一方面通过硬件建设、软件设计体现出对宾客无微不至的关注与呵护；另一方面更体现在乡村民宿每一位从业者对宾客发自内心的喜爱以及付出。

"一店一品"是乡村民宿商品化的价值所在，"一宿一格"是消费者痴迷乡村民宿产品的动力所在。

4.舒适性是保证

舒适性是一个复杂的动态概念，是指环境对人的刺激所引起的心理感受，因人、因时、因地而不同。就住宿业而言，环境包含硬件环境、服务环境和心理环境三个层次，提升乡村民宿产品的舒适性必须关注这三个环境的建设。具体而言，即建设"八个一"关键环节：一种可依托的旅游资源与环境空间，一张舒适的床，一个能够松弛身体、放空大脑的热水澡，一顿可口餐食，一处充满芳香的交流空间或场所，一位充满魅力的乡村民宿主人，一段可讲述的居留经历，一段令人回味的人生记忆等。

三、民宿的命名

一个恰如其分的名字会彰显出民宿的定位和气质，更是民宿主格调和品位的体现。

1.常见的民宿命名模式及分类

民宿命名一般以"整体及局部地域＋民宿核心名字"来命名，具体如下。

（1）后缀：包括居、舍、筑、苑、园、楼、阁、庭、院、堂、坊、馆、墅、宫等。

（2）形容词及特征：包括精品、观山、望海、临水等。

（3）类型：包括酒店、客栈、民宿、旅馆、青年旅社等。

比如，杭州西湖三舍精品民宿、鼓浪屿临海听风旅社、大理九叫客栈、同里久栖·杨二车马店、成都门徒酒店、夜奔北京客栈等。

2.通俗易懂的名字更利于传播

民宿起名字要简单、易懂、易记。名字要让他人容易认识，避免可能让别人认不出来的生僻字。

名字要朗朗上口，不拗口，方便口口相传，读起来拗口、恶俗的名字，不易传播。

3.民宿名字意境与定位要相符

你的民宿名字能一下联想到的哪几个字，不要让人产生异议和歧义。

名称和呈现出来的意境相符，不能相差甚远，不能"跑题"，也不能"夸张"。不着边际，华而不实，会让旅客感觉反差太大。

4.同音联想与外语读音

名称要注意方言与普通话读音上的不同，有时你用当地方言觉得名字挺好，然而用普通话读出来却容易闹笑话。现在国际友人来得多了，民宿名称还得照顾一下外语读音，不要让人出洋相。

5.辨识度高与适应性强

名字的识别度要高，主题及联想要有独特性，太大众了，容易湮没在一堆相类似的名字中。

名称要考虑与本地风俗、周边环境相适应。在今后的发展中，还要适应市场的变化，时间、空间的变化，地域的变化，甚至是与经营对手之间关系。

> **小提示：**
>
> 民宿取名，要的就是与竞争对手产生差异，突出自身优势，故民宿取名坚决不能"任性"，要明确主打定位、区位及景观配套优势、能引发用户心理共鸣，并且名字要有想象力，在传播中能有延展性等。

6.名称要注册

如果你的民宿想走品牌化路线，想连锁经营，或者是开业后生意爆棚要做分店，那就必须对民宿的名字进行注册。

想好了名字，先去"国家市场监督管理总局商标局"网站查询，看是否被注册，没注册赶紧注册，现在的民宿越来越多，好名字越来越少，有可能很多的民宿名字都已经被注册了。建议在命名的时候，最好多取几个名字，查询时遇到相同名字及时更换再查。

 相关链接

特色民宿名赏析

1.裸心谷

"裸"是露出，没有遮盖的意思，让心灵纵情裸露在大自然的怀抱，喻示着远离都市的喧嚣，回归人生的宁静。典型的抒发情怀之意。

2.西坞里73号

此名字根据地名而来，名字简单明了，就以具体地址西坞里73号为名，也方便游客查找，以地理位置命名，既简单大气，又最大限度上避免了重复性，占尽品牌塑造的先机。被誉为中国最美民宿之一，浙江德清县西坞里73号，在莫干山周边众多的洋家乐之中，独树一帜，给用户清晰的导航。

3.未见山

"未见"是不见的意思，"心是一座不见的山，别人无法探查"是这间民宿名字的由来。

4.说时依旧

民宿名字取自于三毛的词"我是真的真的爱过你，说时依旧泪如倾"，多么的有文艺范。

四、民宿的装修

旅游业的火爆让民宿变得火热起来，但是民宿想要做得好，装修设计一定马虎不得。

1.装修设计要点

（1）设计要个性化。个性化是民宿装修一个大的主题，也是在后期方便口碑传播的一大亮点。这里的个性化既包括要根据当地的特色做一些区域设计，也包括在设计中加入民宿主人的个人喜好等。

（2）加入文化元素。在装修中加入文化元素，能让民宿有很好的氛围，也更显人情味。这里的文化元素，可以加入当地的特色文化，也可以是民宿主人主观营造的希望住客们可以感受到的特有文化。

（3）空间设计。民宿装修不是民宿主人想当然的设计，其中有一些必须有的空间，比如院了、大厅、客房、消毒间、布草间与员工房等，具体如表1-1所示。

表1-1 民宿空间设计应注意的细节

序号	空间	设计细节
1	院子	院子一般是民宿的灵魂所在，一个没有院子的民宿，对旅客不具有太强的吸引力。院子不论大小，最好要有生机，这样的院子会让人心情愉悦
2	大厅	大厅是民宿中的多功能区域，具有吃饭、聊天、休闲等多种功能。合理的民宿装修设计，一般不把客房与大厅设计在同一层，不然客房中的人不能很好的休息
3	客房	民宿的客房设计往往注重温馨感，大床房的比例比较高，标间一般只有一间，往往还会有一间家庭房。家庭房因为可以满足一家三口的居住需求，价格一般也比较高。因为民宿一般都在环境比较优美的地方，所以客房的设计中，能配落地窗的房间最好都做成落地窗，房间视野对房价也有重要的影响
4	员工房	员工房的面积可以不大，但要满足员工的一般需求，最好选择与接待处距离比较近的位置
5	其他空间	消毒间的使用率不高，可以选择与厨房设计在一起。布草间只要满足需求即可，面积也不一定要很大，最好里面做成柜式的设计

2.装修风格选择

在竞争日益激烈的民宿市场，民宿的装修、设计风格越来越被人所重视，因为这直接影响到了订单量与咨询率，也是做好一间民宿的重要因素之一。下面是几类常见的民宿装修风格。

（1）北欧风。北欧风是比较常见的一种装修风格，色彩和空间都追求简洁、素雅和明亮。无论是大空间还是小空间，都是呈现出一种简约、简单的氛围。十分轻便的家居装饰，颜色素雅的设计风格，受到了不少人的青睐。

比如，坐落于浙江杭州的麦芽庭，是由两幢房子和前庭、中庭两个独立庭院组成，藏身于灵隐白乐桥的一片民宿之中。麦芽庭出自知名设计师之手，按照主人的原话，这里"既要度假的闲适，又要创意的风尚"，通过线条、几何、组合，融合成了没有矛盾的麦芽庭（见图1-14）。

图1-14　麦芽庭民宿截图（一）

第1幢房的一楼是独立咖啡馆，也提供酒水和下午茶，往里则是一个公共空间，一面墙的落地窗将有鱼有水有荷花的前庭景致无缝对接到室内，各国各地淘来的摆件，充满设计感的灯具布线，也会有国内独立家具的部分椅子，搭配出一种简约又摩登的北欧风（见图1-15）。

图1-15　麦芽庭民宿截图（二）

麦芽庭共有10个客房，每一间客房的设计都围绕着麦芽的四季生长为主题，分别名为：白露，小满，惊蛰，芒种，谷雨，秋分，寒露，小雪，春分，夏至。二楼设有VIP室，用以小团队聚餐，推窗可俯瞰整个前庭。

（2）日式风。无论是家居还是民宿装修，日式风装修风格近年来也掀起了一股潮流，较多的民宿卧室选用榻榻米的风格，和北欧风一样，日式风简洁素雅，但又独具味道。一道雅致的屏风，一床温暖的床铺，使人能够瞬间宁静下来。

比如，坐落在浙江杭州的不足民宿，大堂是简单的木门，吧台旁有民宿主从日本淘回来的满柜子茶具，房间都是榻榻米式的小屋，没有电视，床头黑色古典的MARSHALL音箱，才是房间的绝配；民宿主特意在房间里准备了龙井和铁观音，住客边听古典音乐边喝茶，完全不觉时光的流逝（见图1-16）。

图1-16　不足民宿截图（一）

住宿分布在2、3楼，共有6个房间。每个房间都有一个雅致的名字：禅悦、空色、自在、不语、得闲、观想。矮窗边置了茶席，古朴的铁壶使得这一片休息区域更具韵味。洗漱台上有插上枯枝的日本花瓶，卧室和洗浴间只隔一层印有日本浮世绘的亚麻门帘，开放式的格局，模糊了时间和空间的概念（见图1-17）。

图1-17　不足民宿截图（二）

（3）工业风。基础色调主要是黑白色系。工业风中的重要元素便是铁艺制品，无论是楼梯、门窗还是家具甚至配饰，粗犷坚韧、外表冷峻、酷感十足。自然、粗野的裸砖常用于室外，但在工业风中，常把这一元素运用到室内，老旧却摩登感十足。水泥墙是后现代建筑师最爱的元素之一，可以让人安静下来，静静享受室内空间的美好。工业风给人一种酷酷的感觉，少了些家的温馨，但也许正因为它足够个性，才让许多人欣赏。

比如，坐落在浙江杭州的栖迟民宿，一进门，紧抓眼球的是逐渐收窄的吧台，设计感强烈，吧台区特意留出的4个窗孔，为的是让客人感受到不同时间、不一样的气候状态下苔藓的细微变化。简洁的线条，朴质的水泥。这里每一处设计无不透露着冷峻、内敛、谦和、内省的气质（见图1-18）。

图1-18　栖迟民宿截图

房间里没有任何多余的东西，但一些细节的体现又会让住客感动。房间里有小型吧柜，随时性情而至立即能喝上一口酒。枕套和床榻套被花纹，都是提取民宿所在地杨梅岭和周边的高等线地图绣制而成。

（4）田园风。田园风中的美式、法式、韩式比较常见，风格大众化，容易被大众所接受，有时候甚至是几种风格混搭或者用地中海风格。家具和器物的选用上还会混入中国风或日式风的设计。

比如，坐落在浙江杭州的隐居西湖别墅，隐居旗下有醉翰林、倚华浓两幢别墅；别墅都是美式乡村风，采用石材作为主要外部装修材质，内部大量木质材质的运用，更增添了历史气息，庭院中，无论是灌木还是藤蔓、鲜花还是绿叶，都能完美又自在地找到自己的位置（见图1-19）。

图1-19　隐居西湖别墅截图

一楼客厅最适宜举办聚会沙龙活动，多彩地图，老式唱片机、水晶吊灯、复古台灯、小吧台、沙发后的《上下五千年》等都有着奢华和复古感，三面环绕而成的沙发将客厅打造成既可家庭聚会，也可商务洽谈。

（5）禅意风。禅意风多为中式风和日式和风，禅意风格庭院的代表是中式泼墨山水式的庭院和日式洗练素描式的庭院。中式风格中正的布局，以墙、隔断、屏风打造的层次感，窗子的取景造境。其特点是注重文化积淀、茶道、日式榻榻米、采用大量木质材料、讲究一种脱俗的意境。

比如，浙江临安的斐文上客堂，坐落在天目山禅源寺旁，外墙极富特色，黄墙红瓦，你甚至可能以为这里是某个禅院。推开窗就能看到古寺，每天清早，都会听见寺庙的钟声（见图1-20）。

图1-20　斐文上客堂截图（一）

客房是一派禅意风格，榻榻米和小茶几，配着书法墨宝和香薰小炉，瞬间就能让你静心，当然你还可以听着钟声去抄经室抄下几篇经文，在这里特别有一种剪断凡尘喧嚣的感觉（见图1-21）。

图1-21　斐文上客堂截图（二）

（6）民族风。民族风民宿在设计上需结合区位特色，有一些是单一民族风格，也有一些是各民族特色结合，某种意义上也有传承的含义。其特点是具有文化底蕴、民族风情和传承意义。

比如，云南香格里拉·阿若康巴·南索达庄园。阿若康巴，藏语意为："来吧，朋友"，民宿主扎巴格丹是茶马古道的马帮后人，自小对茶马古道的崇敬，为传播香格里拉和茶马古道，他建造了阿若康巴，南索达庄园位于香格里拉独克宗古城，临近大龟寺（见图1-22）。

图1-22　阿若康巴·南索达庄园截图

庄园由4栋木屋组成，扎巴甚至会把自己的私藏都搬来用作装饰。庄园旁的唐卡中心也值得一去，这是扎巴为保护藏族传统文化在2007年联结香格里拉的土地、人之间的关系，建造起来的公益空间。

（7）复古风。复古风民宿设计中比较多民国风和明清古风，多是老宅改造而来。

民国风的民宿，有着中西方文化相互冲击产生的独特风格，既有中式风格的中端庄大方，又有西式的开放热情。

比如，坐落在浙江宁波的书房民宿，名为书房，是个书元素随处可见的民宿，位于宁波老城中心地段的中国第一个以江南院落为改造蓝本的商业街区月湖盛园。

书房内部有一种老上海的雅致和贵气，书也是无处不在，随手一摸就是张爱玲或者舒国治，电梯门口排着余华或是村上春树，电梯、房门都是书柜的模样，床头还摆着本米兰·昆德拉。黄包车、留声机、海棠玻璃、大皮沙发、花砖地板，所有营造年代感的物件都用得恰到好处（见图1-23）。

明清古风的民宿，是使用传统明清时期家居，加入新中式设计风格的家具器物相融合。

图1-23 书房民宿截图

比如，北京的书香阁民宿，紧靠故宫的四合院民宿，雕廊画栋中京味十足，从民宿主特意为房客准备的迷你小露台可以眺望周边的故宫、王府井，整个民宿从檐饰、门框雕花到家具的选择也都别具新意。

房间里的家具都是木质结构，仿古造型，而且遵照传统文化对称摆放，搭配青花瓷和景泰蓝的器具，更有一种身处宫廷的感觉。墙上挂着京剧脸谱，沙发是传统的清代木质罗汉榻，高贵又不失雅致（见图1-24）。

图1-24 书香阁民宿截图

小提示：

　　民宿的整体风格一定得体现自身的独有特色，切忌"拿来主义"，且风格上最好能融合当地文化。

3.软装设计要点

　　在同质化较严重的民宿行业，想要崭露头角，需要做出与其他民宿不同的特点，若硬装大同小异，软装就要做到与众不同。民宿软装赋予民宿以个性化的生活与情感体验，而这些恰是一个民宿的灵魂，如果民宿只是单纯提供住宿服务，相信更多人会选择酒店而不是民宿。

　　（1）民宿软装要体现原生态。民宿与酒店最大的区别就是个性化，民宿选址大多是依山傍水的风景圣地，在选择软装物件时，结合当地风土民情，尽量使用带有当地特色的物品，融情于一砖一瓦，通过老物件像观光者诉说这个城市的故事（见图1-25）。

图1-25　民宿软装效果图（一）

小提示：

　　民宿的改建或翻新，一定要与当地环境相结合，符合当地的人文特色，因此要保护好当地的生态，包括环境生态和人文生态，一个失去内核的民宿，最终可能就沦为一家普通旅店了。

　　（2）民宿软装要有温度。对于最初一批的民宿创业者，情怀是推动他们经营民宿的动力，因为自己喜欢某种生活方式，所以营造这样的一种生活状态，就也是民宿最初吸引大家目光的地方。

　　亲近自然、宁静、舒适、简单，民宿追求的是一种与都市生活迥然不同的生活方式，因此民宿设计要在舒适整洁的基础上，更多地侧重于软体的营造，要有人文温暖（见图1-26）。

图1-26 民宿软装效果图（二）

（3）民宿软装要善用花草。也许你的民宿处在闹市区，没有高山也没有流水，但万万不能缺少制造氧气兼美观的绿色植物。绿色是能让人放松的颜色，逃离世俗的桃花源在人的想象中总是和一片绿色联系在一起。温柔的多肉，富有生机的藤蔓，可以装点朴素的房子，可以营造出梦境般的感觉（见图1-27）。

图1-27 民宿软装效果图（三）

（4）民宿软装要有主人的格调。一个人的生活格调是由他的经验以及阅历决定的，一个民宿的格调是民宿主人格调的实体化表现，是很难复制的独特格调。具有人格化的事物能够让人快速记住，旅客满意了，才能带来更多的客源。

相关链接

民宿装修过程中需注意的细节

1.房间的采光和通风

房间的采光和通风是客房最基本的条件，设计得好，还会因此提高客房的档次和价位。

谁都不喜欢没有直接采光的房间，所以设计的时候就需要格外注意，"暗房"卖不出好的价格。

如果客房通风达不到良好的效果，就需要安装新风系统，一般的中央空调都可以附加这个系统，价格也不是很贵。

2.房间的隔音设计

如果住客在休息时，听到隔壁房间传来此起彼伏的打呼声，又或者是电话声，那是很难入睡的。

一般情况下，选择隔音好的砖墙加上隔音棉之类的材料，尤其是做木结构的仿古建筑，解决隔音要放在第一位。

（1）洗手间的排风房，要安装在实体墙壁上，防止因共鸣而放大噪声。

（2）中央空调等大型设备室外机噪声也很大，一般会放置在房顶或者足够远处的地面。安装时，要加装减震系统，否则，夜深人静时，房间会嗡嗡作响。

3.供水系统的设计

（1）供水最好能够满足最大入住需要，热水用量按家用的1.5倍设计，在多个房间同时用水时，供水系统要能够保障水压及水量。

（2）洗澡间要注意地面有点坡度，排水要快、地漏要多，以免积水。

（3）下水和污水管没有处理，会导致卫生间反味，如果民宿规模比较大，为了避免因管道过长而导致异味。可增加化粪池，让卫生间的污物快速流到最近的化粪池，化粪池与市政管道接通时，弄清楚下水和污水管道。

（4）民宿经营的时间久了，容易出现漏水，因此，装修时最好做双层防水。

4.用电的设计

（1）夏天或冬天空调全部开启的时候，如果因过载而跳闸就不好了，甚至还有可能导致火灾。所以，需联系当地供电局增容，电缆容量预留足够的负载。

（2）灯具都要选用节能灯，电是每时每刻要用的，每天多用一点，长年累月就是一笔不小的开支。

（3）装修时，房间里多安装几个电源插口，现在旅客用电的设备越来越多，这些细节，能够给旅客带来很大的方便感受。

（4）强电和弱电安装，最好是一拨电工统一做，虽然是不同的工种，但他们之间许多工作是需要统筹和协调的。

5.无线网络的安装

无线网络对入住体验至关重要，一个好的网络会让客人舒服得多，如果你希望客人窝在民宿的某个公共区域，实现潜在的消费变现，Wi-Fi差当然不行。

电视机顶盒最好和网络分开，电视可用有线电视，如果用了网络电视，万一遇到客满，出现网络卡顿，电视也卡，大家都会感觉很不好。

6.取暖的设计

空调取暖时会感觉很干，容易产生不舒适的感觉，地暖是较好的取暖方式，不过地暖一旦铺好就很难维修了，除非撬开地板来做。

如果你的民宿在北方，旅客在房间的时间比较多，为了舒适起见可选择地暖，如果是南方的民宿，选择空调也可以。但作为一家提供优质服务的民宿24小时提供热水、空调是最基本的条件。

7.房屋的结构、承重等

如果是改建民宿，就要充分考虑房屋的结构及承重等，不能超过原建筑的结构及承重范围，任何改建都必须在原建筑所能承受的范围内进行。

需选择有资质的设计及施工单位，这样才能出现问题追溯责任并解决。

8.房间的配套设施

民宿最为关键的是设施齐全，使用方便，让客人住着舒服。这样的体验是最基本的，也能让你的民宿比较有家的感觉。

有的民宿会请住店的员工，如果是需要包吃包住的，民宿就要留出几房间给员工住宿，需设计准备布草间、工具间、公用洗手间、公共淋浴设施，以及必要的日常工具，如晾衣架、衣挂架、穿衣镜等。这些必要的设施和工具都需配备齐全。

第六节　开业筹备

开业前事情烦琐，如果不按照一定流程来，把要做的事情一项一项列出来，很容易出现问题。同时，开业准备的质量也会影响到后期的一些评价。为确保开业顺利流畅，必须先做好开业前的准备工作。

一、店内外清洁工作

保证店内外干净整洁，物品摆放有序。

（1）清洗客房及公共空间的玻璃。

（2）房间卫生的最后清洁打扫。

（3）地面及墙壁清洁。

（4）隐蔽角落卫生洁净。

（5）做好店外围的清洁。

（6）走廊栏杆清洗干净。

二、地图信息标注

地图信息标注一方面利于客人导航，另一方面可以显示在微信、QQ空间、微博等客户端。地图信息可以去百度地图、腾讯地图、搜狗地图、高德地图等地图进行标注认领。标注尽量要做到准确无误，也可以请专业的地图标注团队来进行标注。

三、对房间进行通风处理

新开业的店一个很大问题就是房间味道太重，墙壁、家具等散发出难闻的气味。开业前很重要的事情就是对房间味道处理，尽可能减弱异味。

（1）勤通风，每天打开门窗，让空气形成对流，保持房间空气畅通。

（2）每个房间可以放置几个菠萝或柚子，散发水果的清香。可以利用祛味清洁剂对家具、壁纸等喷涂。

（3）房间一些柜子、箱子、抽屉可以放置一些活性炭，活性炭对有害气体具有吸附作用。

四、拍照

请专业的摄影师进行拍照。照片包含房间照片、公共区照片、细节照片、过道照片、庭院照片、整体建筑照片、航拍照片等。拍好后，要对照片进行整理分类，以便后期持续使用。

五、设置收款账号

实现收款方式多样化，可以设置现金、转账、刷卡、微信支付、支付宝支付等多种收款方式，设置不同的银行收款账户。制作微信、支付宝收款二维码提示牌，申请办理POS机。

六、房间测试

通过对房间的测试，能够保证客人正常入住。房间测试主要针对房间的硬件及软件，保证设施设备使用正常，处于能出售状态。

1.房间硬件测试

（1）电器设施设备测试调控：电视、空调、热水器、电热壶、电话、智能马桶、智能浴缸、智能窗帘等调试。

（2）洗浴系统测试：单间客房热水出水时间测试，全部房间热水供应时长测试。避免在房间住满情况下，出现热水不够用的情况。

（3）门窗系统测试：门卡系统是否正常、窗子开关是否顺畅，有无损坏。

（4）灯光系统测试：灯具及开关是否正常、晚上灯光效果如何，光线是偏暗还是偏强。

（5）Wi-Fi网络系统：Wi-Fi是否正常、信号强弱。尤其对于处于边角房间的Wi-Fi测试。

2.软件测试

软件测试主要测试入住体验感如何，隔音状况是否良好、房间气味是否浓重、房间内有哪些不合理的配置及摆设。

七、用品购买及配置

购买用品的数量及价格要根据民宿自身档次及体量来衡量。一般来说，需要购买的物品包括（但不限于）以下几类。

（1）清洁用品：各种刷子、扫帚、拖把、簸箕、吸尘器、洗衣粉、清洁手套、抹布、消毒液、清洁剂、清洁袋、马桶刷、垃圾桶等。

（2）客房耗品：沐浴露、洗发露、护发素、润肤露、牙刷、牙膏、肥皂、纸巾、拖鞋（包括一次性拖鞋）、剃须刀、针线包、擦鞋布、护理袋、避孕套等。

（3）办公用品：贴纸、文件夹、A4纸、名片夹、中性笔、记号笔、剪刀、胶带纸、固体胶、双面胶、订书机、计算器、复印纸、税票打印机、记账本、收据单、菜单、收纳盒、夹子、支架式黑板、粉笔、U盘、POS机、二代身份证阅读器等。

（4）维修用品：折叠梯、手电筒、套装工具箱、马桶疏通器、网线、钻头套装、电笔、园艺剪刀、洒水壶、铲子、镰刀、铁锹等。

（5）日常生活用品：指甲钳、雨伞、雨鞋套、针线盒、水果刀、晾衣架、USB线、肥皂、洗衣液、啤酒开瓶器、红酒启瓶器、红酒杯、蜡烛、打火机、医药箱、电池等。

（6）厨房用品：盆、盘、碗、锅、筷、调味品、各类厨具（刀、叉、夹子、铲子、勺子、砧板等）、油烟机、泔水桶、托盘、洗涤蒸煮设备等。

（7）通信用品：对讲机、电话机、手机、电话卡。注：电话号码尽量挑选一些好记顺口的号码。

（8）消防用品：灭火器、消火栓箱、烟雾报警器、消防水带、应急照明灯、消防面具等。

 **相关链接**

民宿的基本配置

1. 一间客房的基本配置

电热壶×1、漱口杯×2、水杯×2、卫生间卷纸×1，垃圾桶×2、纸巾盒×1、衣帽架×1、衣架×5、浴袍×2、拖鞋×2、地巾×2、面巾×2、浴巾×2、台灯×2、牙刷和牙膏×2、沐浴露×1、洗发露×1、浴帽×2、电视×1、空调×1、烟灰缸×1、果盘×1、矿泉水×2、灭蚊器×1、体重秤×1、吹风机×1、茶叶袋×1、避孕套×1、浴室防滑垫×1、插线板×1、房卡×2、钥匙×2、毯子×2、枕头×4。（根据具体情况斟酌。）

2. 前台基本配置

工作电脑×1、视频监控显示器×1、打印机×1、税票打印机×1、电话×1、笔筒×1、二代身份证阅读器×1、POS机×1、计算器×1、保险箱×1、对讲机×1、本子若干。（根据具体情况斟酌。）

八、物品归位存储

把物品进行整理归类，分别放在不同的地方，如布草间、储物间、吧台、前台等，并进行物品盘点，便于在使用时候能够迅速找到。

（1）布草间：布草、清洁工具、客房耗品等。

（2）储物间：维修工具、杂物等。

（3）前台：小件物品（如手电筒、指甲钳等）、办公用品等。

（4）吧台：水果刀、启瓶器、各类杯子等。

九、整体设施设备测试调控

对店内的监控设备（监控设备是否使用正常、是否存在监控死角等）、音响、灯光、水泵、消防、网络等系统的测试，保证这些系统能够正常使用。

十、证件办理

硬件及软件配置好后，民宿想要持续规范化发展，必须要办理一些证件。

（1）营业执照。

（2）卫生许可证。

（3）特种行业许可证。

（4）消防安全检查合格证。

（5）食品流通许可证或餐饮服务许可证等。

02

第二章
民宿客栈运营

　　无数的实践证明，开一家民宿仅仅有情怀是不够的。情怀不能当饭吃，不能盈利，会使民宿运营无以为继。必须跳出传统的营销思路，以市场为导向，把服务做到极致，让每一位光顾的顾客都成为自己最好的口碑广告。

第一节　搭建团队

　　在强调团队合作的今天，创业者想靠单打独斗获得成功的概率微乎其微。团队精神已成为不可或缺的创业素质，风险投资商在投资时更看重有合作能力的创业团队。对创业者来说，强强合作，取长补短，创建一个有凝聚力的团队，要比单枪匹马更容易接近成功。

一、团队框架的搭建

　　一个团队自然是需要不同职能的成员共同合作，对于架构的明确，职能的划分，协作的机制，成长的通道，民宿经营者都要定义清楚，然后随着日常运营不断摸索出更优方案。

　　由于每家店所在区域不同，或是风格客户群定位的不同，团队框架的搭建也不相同。

　　比如，杭州满觉陇民宿，其主要分为预订、服务、后勤三个职能部门，会有一位门店主管统管一线的事务。

小提示：

　　民宿经营者可以结合自身的实际情况，以及与行业中区域内外其他品牌交流过程中所获得的经验，制定出最符合自己需求的方案。

二、人员的选择

做好民宿框架的搭建后，接下来就要通过合理的渠道进行外部或内部的人员招募了。对于人员的筛选有图2-1所示的两个主要标准。

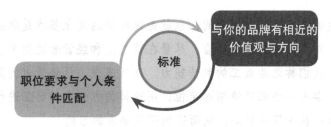

图2-1 人员筛选的标准

这两点要匹配得当，才能形成良性的团队扩充。当然，人员与标准的匹配度也需要在后期运营管理过程中得到检验和加强。

 相关链接

民宿招聘人才的技巧

一直以来，一旦民宿达到一定的发展规模，民宿经营者通常会有力不从心的情况发生，那么在这样的情况下，招聘这件事情就显得势在必行了。渴望招聘到真正有能力的人才是每个民宿经营者的心愿。

那么对民宿经营者而言，如何能够在现有条件基础上，招聘到自己想要的人才，并且进一步打造成符合自身民宿条件的精良团队呢？

1.发挥民宿本身优势

首先要吸引到优质的员工以及专业性的人才，民宿本身的优势吸引力是必不可少的，民宿所处在的地点、周边的设施、民宿本身的风格特色、针对人群等，这些都是能够吸引到真正有志之士前来的条件，相较于周边的其他民宿而言，自家民宿本身独有的特色和侧重出彩点，也是很重要的因素之一。

民宿经营者在进行团队建设和员工招聘之前，首先要做好自身民宿的建设经营工作，对民宿有一个明确的定位和未来的目标性方案，能够给员工足够的安全感和挑战性，同时根据当地针对民宿的各项政策及时调整，贯彻地方性文件的要求，让民宿有更好的基本条件，从而在未来能够有更好的发展。

2.展现经营者人格魅力

民宿的员工和其他的公司招聘不同，不仅仅要求专业技术方面有足够胜任的能力，更加注重个人情感方面的培养，民宿相对于酒店而言，更多的体现便是在人文情怀方面，作为民宿的员工，本身也应该是一个民宿文化的体现，而非公事公办的处理各项事宜。

而民宿的灵魂是经营者所赋予的，也就是说民宿的文化基本是取决于经营者的想法和情感，那么对于民宿的员工而言，尽量在情感上和经营者达到契合，也是能够胜任工作的关键，我们称之为员工的共情能力。反过来说，从经营者的角度要寻找到适合民宿的员工，要有一个明确清晰的定位，用这样的方式来对员工进行筛选聘用，并且在日后的共事过程中耳濡目染，从而达到团队融合的目的。

3.采用适当引荐渠道

很多时候，打算进行招聘的经营者，往往找不到正确的招聘渠道和方式，从而无法得知真正能够胜任工作的人才在哪里，造成"招聘难"的现象，下面主要介绍一下能够尝试发掘员工的渠道。

（1）线上渠道。线上渠道主要就是在各类招聘App上面发布招聘启事，这也是很多经营者普遍的选择，双方可以在网络上有一个初步的沟通再决定是否更进一步地交流。所以这一点要注意的就是App的选择，可以多做一些调研，感受一下当地对哪一种招聘App的热衷程度更高，当然也可以同时在多个App上发布，但要有一个主要的侧重，关于待遇、工作内容的介绍需尽量详细，民宿本身的内部情况也可以做一个大体的沟通，工作环境即民宿的照片也可以适当进行发布。

（2）线下渠道。其实如果是经验足够、且人脉广的经营者，线下渠道的招聘会更加精准和优质，当然这也是相较于线上情况而言的。可以通过熟人介绍有类似经验的员工进行应聘，省下很多线上初步沟通的时间，并且对所招聘人员有一个初步的真实了解，相较于线上招聘而言，在条件许可的情况下，初次进行员工招聘的经营者建议采取这种方式。

4.提供学习发展机会

找工作是一个双向选择的过程，员工选择在民宿中工作，除了民宿以及工作本身的吸引力之外，其稳定性、发展性以及可学习性也显得尤为重要，对于民宿的员工而言，如果既能够完成必需的工作，还能够从工作中学习到足够的经验和技能，也是对自身发展的一种极大帮助。

所以很多员工在选择工作的过程中，也会考虑到工作对自身能力的提升。经营者不妨在介绍中多提及，并在日后的工作过程中多提供一些专业性技能的培训学习机会，既能够为民宿员工增加专业性，也能够利用这样的学习机会吸引到更好更优质的员工，从而达到双赢的目的。

民宿想要更好的发展，团队的打造必不可少，在招聘初期便利用自身有利条件吸引合适的人才，也是为后期团队的融合进步打下良好的基础，从而给予民宿更好的发展机会，创造出更大的价值。

三、建立团队内部标准流程

民宿运营中，问题其实是无处不在、无时不在的，在这当中，一套逐步建立且持续改善的内部标准流程就十分必要了。民宿经营者要妥善处理好内部流程标准化与鼓励每一位成员充分发挥自己个性魅力之间的关系，让客人们感受到有着鲜明个体温度的高品质服务，被切实打动，这其实也是培养高黏性客户群的有效方式之一。

那内部流程该如何优化呢？在加入团队之后，需要让成员们慢慢融入团队之中，融入日常的工作生活当中。这会经过以下过程。

第一步，要让他感知到我们的服务理念，认知目标，规范和标准。

第二步，可向团队成员提供各项培训，令其学习技能，通过实际操作来检验和总结，达到标准。

比如，民宿山舍就鼓励员工轮岗学习，每一位员工都有机会学习到管家服务、沟通艺术、咖啡制作、问题处理等方法或技能。山舍希望每位员工都是多面手，并且始终保持吸收新知识，全面学习成长的状态。在学习的过程中，山舍会接收到每一位成员宝贵的思想碰撞，并提炼进服务体系中。

四、团队培养

关于团队培养，要有完善的多维度的培训体系，标准化的实际操作流程，定期总结改进的机制，清晰的成长规划，以及公平合理且不断优化的回报方案，让每一位价值观相近的成员迅速融入，有章法、有干劲、有期待、有成就。

比如，山舍的培训体系是立体且持续进行的，其培训内容会涉及行业现状、品牌发展与价值观、日常行为规范、各项实际操作技能、问题处理机制，还有一系列针对日常易被忽略的问题的主题内训，如协作优化，服务升级等。

团队培训体系结合前文所讲到的内部标准流程的建立，可使民宿运营从横向到纵向上都可以达到一个合理的矩阵。再结合运营过程中的实际反馈，无论是在团队管理方面，还是在体系构建上，都可以不断优化，做得更好。

五、团队建设

为了让团队成员能够更好地协作，彼此之间越来越有凝聚力。在工作之余，民宿经营者也要重视团队建设，促进团队之间的沟通。

比如，民宿山舍的团队文化是：工作出色，生活出彩，创造共同进步的学习型互助型组织。在工作之外，山舍会通过组织团队成员参与爬山、聚会、旅行、学习考察各类美学空间，以及一些培训活动，培养成员与众不同的小乐趣，引导大家找到最适合自己的生活方式，使大家充分的放松，治愈自身，又能保持积极的学习状态。同时，也鼓励大家将自己的所见所得分享给更多的同伴，让生活更多彩，也会养成彼此间越来越深厚的信任感与凝聚力。

第二节　合理定价

民宿房间定价合理与否，不仅关系到民宿能否顺利地进入市场、占领市场、取得较好的经济效益，而且关系到民宿的命运和企业的前途。

一、影响民宿定价的因素

影响民宿定价的因素有图2-2所示的四个。

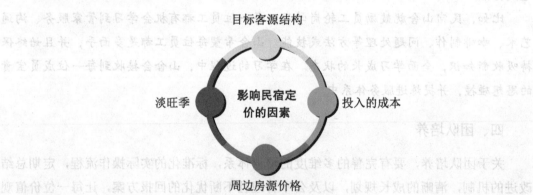

图2-2　影响民宿定价的因素

1.目标客源结构

在做民宿之前，相信大家都谨慎地考虑过自己民宿的定位，是高端奢华还是经济舒适，是文艺清新还是实用家常。可以说，对民宿的定位决定了你的目标人群，如果想用足够低的价格来抢夺所有层次的客源，那基本是不可能的。

低房价往往吸引的是一些低净值的客人，这部分人群对价格是非常敏感的，一旦房客结构形成，这时候你就只能不断地压低价格去迎合他们，陷入与周围低价房源比价的怪圈中去，到最后两败俱伤。

反过来，如果房价过高，最直观的结果就是订单少，如果你的民宿资源不足以匹配这个价格，往往不能达到沉淀客源的效果，同样是恶性循环。

因此，民宿经营者在对房源定价时，要充分考虑自身房源条件和目标客源，制定合理的、具有吸引力的价格，同时用价格线对一些低净值人群进行划分，通过定价帮自己筛选到最适合的客源。

2.投入的成本

你的民宿房源是自有资产还是租来的？这个租金或者购房资金无疑是最大的成本，当然，还要考虑你的装修、布置、日用品、床品、水电网、燃气、保洁等的消耗成本。

如果通过平台获取订单，一定要加入付给平台的佣金或者其他宣传的成本。把所有投入计算清楚，保证定价高于成本，你的民宿才能盈利。

因此，比较合理的定价计算方法是：房源每月出租10～15天的收益，能够覆盖房源本月的所有成本。按照这个标准，是基本保证你能够获得一份不错收入的。

3.周边房源价格

你的民宿周边一定也存在其他民宿，那么他们的价格范围是怎样的呢？这一点你必须要了如指掌。市场存在竞争，每个房源的具体竞争对手是它周边的房源，一定要时常关注周边民宿的价格，合理设置自己的定价。

但是，不要陷入价格战泥潭，相信品质决定价格。如果你的民宿品质明显优于周边房源，可以允许自己的价格稍微高些，不过要适当调整，以订单量不会减少为宜。

4.淡旺季

民宿的淡旺季和旅游的趋势是息息相关的，一般城市旺季是每年5月至10月，淡季则是每年的11月到次年的4月。虽然可能会有一些突发因素，（如开学季、某个景点突然爆火等）造成一些波动，但整体形势不会有太大变化。

在旺季，民宿房源的价格相较于淡季会普遍上涨20%～50%，订单可能还会源源不断，但从旺季到淡季，订单量会大幅下降，价格也普遍较低。开一年民宿却只有半年赚钱的情况也可能发生，这时候就需要民宿经营者用优质的服务和有吸引力的价格来吸引有限客源了。

因此，定价应该放眼全年来设计，考虑到淡季客少的成本，但也不能漫天要价，避免旺季订单量不高、好评率下降、房源排名下降等不利影响。

二、定价需考虑的维度

合理定价需要从多个维度进行思考，这是一个系统工程，每一个维度都有可能会对未来营业带来一定影响。对于民宿来说，通常制定一个合理的价格需要尽可能考虑图2-3所示的五个维度。

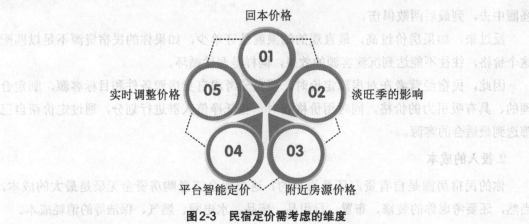

图2-3 民宿定价需考虑的维度

1.回本价格

首先，需要明确我们的前期成本投入是多少。行业内的标准是6～8个月回本，我们在一开始不宜贪快，应尽量设定合理的回本价格。

比如，前期装修成本3万元，每月租金要3000元，要想在6个月内达到收益2万元，则每月需要净利润5000元左右。扣掉月租金3000元、水电、清洁费、平台抽成，那么每月的订单总额应在9000元左右，就可以满足半年左右回本。如果这样计算的话，那么房费定价300元每晚，就可以达到这一目标。

当然了，这是最理想的状态，是预想每晚都有人订房，而通常入住率达到80%左右就已经算良好了，那么如果不能保证入住率百分百，又想在半年内回本，就需要在房源质量以及价格上做文章。

2.淡旺季的影响

淡旺季对价格也会产生较大的影响。所以民宿经营者需要了解自己的房间是否有明显的淡旺季，是否对周围人群来说是刚需。

如果附近有地铁站、高校、大型市场，总之就是不与传统的旅游出游目标重合，那么可能受淡旺季的影响就会小很多，在淡季也可以不用下调过多的金额，入住率也有一定的保证。如果民宿身处当地旅游景点，那么就要做好在淡季可能一个月也没有几单的准备，就需要在旺季制定相对高的价格来补贴淡季的亏损。

3.附近房源价格

一个好的房源定价需要参考身边其他房源的价格，通过各种平台搜索自己地理位置附近的房源，看一下别的民宿定价多少，以及这个定价下房源入住率是多少。加上对比自己的房间装修与其他房源孰优孰劣，就可以得出自己的价格应该设定在哪一个区间。

4.平台智能定价

既然说起制定价格，那么平台智能定价就是一个不可不说的功能，类似Airbnb的智能定价，首先由经营者设定可以接受的价格区间，再由平台智能分析来确定房源价格多少合适。可以说是帮助经营者节省了一部分精力，但是在一定程度上，智能定价还存在着一些争议，不少经营者也有反映说智能定价总是以超低价格将房源出租。所以如果使用智能定价，需尽量将底价调高，最高价设定为节假日的热门价格。

5.实时调整价格

房源价格的制定不是一劳永逸的，所以需要民宿经营者实时进行调整。

价格调整有以下两个方面。

（1）尾房处理。比如说在当天还有空房，那就应该调低些价格，并且在多个时间段修改，一次比一次低，力求房源可以出租出去，不出现空房。

（2）节假日上调价格。节假日可谓是民宿经营者追求盈利的最佳时期，因为在节假日，当天价格涨幅基本可以达到50%，甚至一些位于爆满旅游景点的民宿达到100%的涨幅还供不应求，所以需要至少在半个月之前就设定节假日的价格。

三、民宿定价的策略

1.民宿电商渠道定价

旅客在计划行程时候，通常都会到旅游线上电商平台找客房，在没有到过你民宿的情况下，想了解民宿及客房情况，电商平台是很好的选择，信息量大，加上专业平台的信息精准，交易环节规范，效率也就高很多。因此，大多数民宿都会选择旅游在线电商销售渠道，获取精准用户。

由于平台的规则是公开透明的，旅客在电商平台上找房源的时候，搜索一下关键词，出来的相关信息一目了然，其中客房价格是一个非常敏感的数字，标得过高或过低，都可能造成客户的流失。

因此，在给客房定价的时候，应该对民宿周边的房价有所了解。除此之外，详情页里面再编辑一些你店面的特色、增值业务、礼包等信息，以此来吸引旅客。还有一点，旅客给你民宿设施及服务的评分高不高，也是影响转化率的关键。

2.门店定价

到店价格通常会标得比较高，那是因为当这位客人走到你民宿的时候，他带着大包小包去找下一家未必就很方便，加上选择的参考信息有限，一般情况下，价格比较高的时候他也是可以接受的。

同时，你并不希望每天靠这些上门客来维持民宿的正常运转，因为这些客群不是你的目标客群，流量也不稳定，今天你民宿接待了5位这样的客人，那未必明天还会有这么多的客人到达。如果到店旅客上网搜索房源时，再做调整可能性也很大。

所以，在你对客群分类时，因到店客群非目标客群，可以把民宿的门店价格定高一点。

3.会员定价

和酒店一样，民宿的会员系统也是十分必要的，比如已经入住过你民宿的旅客、老板的亲朋好友、民宿周边的人群及周边企业等，都可以发展为会员。

民宿生意好的时候，也许你会觉得无所谓，加上民宿的体量比较小，客户也是一个非常小众的人群，每天很容易就把几间客房租住出去了。但是，遇到淡季，生意不好的时候，这个会员系统就有帮助了。

会员价格可以用折扣、积分、优惠券等方式，使民宿的入住率保持平稳。

由散客转化为会员要让客人易于接受，杜绝填写各种复杂的表格或销售价格过高。

比如，散客房费200元、会员180元、会员卡20元或更高一张，这就不利于散客转化。如果散客房费为220元，客人只需要关注二维码即可成为会员，享受会员价180元，这就利于转化。

4.分销定价

在做好价格管理系统之后，民宿客房销售渠道当然是越多越好，比如针对旅行社、导游等这些接触旅客的人群，是民宿客房一个很好的销售渠道。特别是利润空间较大、房间比较多的民宿，多一个分销渠道，对提升民宿的入住率非常有帮助。

所以，在你建立民宿销售系统的时候，多渠道分销是必须考虑的。

5.内部优惠

内部优惠的对象主要包括民宿员工需求、股东需求、老板亲友的需求。有了这样一个内部优惠价格，当内部需求出现的时候，既避免了全价收费的尴尬，也避免了不好意思不要钱的情况。

如果之前没有这些优惠计划，当特殊旅客出现在你面前时，收钱或不收钱都感觉不妥当。如果之前有这样一个内部优惠计划，在遇到这些突发情况的时候时，有章可循，使得你应对起来也就自如和从容了。

第三节　完善服务

在民宿中，客人一般会有三种服务体验：服务体验差或者没感受到服务；服务体验一般，不好不坏；服务体验好。可想而知，只有让客人有好的服务体验，才能为民宿带来好评，赢得利润。

一、服务方式多样化

相对于传统酒店来说，民宿所提供的服务方式应该是多样化的，具体有如图2-4所示的四种。

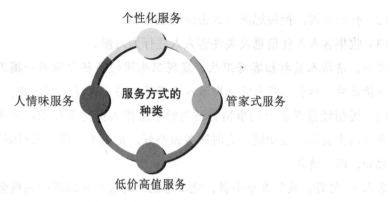

图2-4 服务方式的种类

1. 个性化服务

个性化服务除了满足客人共性需求外，还针对客人的特点和特殊需求，主动积极为客人提供针对性的服务。民宿个性化服务是基于民宿的标准化、程序化服务基础上，进行的一种区别性灵活性服务。把每一位客人当作是独立的个体，针对每个个体进行的一种服务。

对于民宿来说，为什么要提供个性化服务呢？其原因如图2-5所示。

 1 民宿是一种具有人情味的住宿，会把每一位前来入住的客人当作朋友对待

 2 客人的需求多样化，单一的标准化服务已经满足不了客人多元化和个性化的需求

3 个性化服务可以成为民宿的一种卖点。由于每家服务人员和管理者的理念、素质和能力不同，导致了服务上的差异性，甚至有一些民宿连基础的服务都做不好，更何况是个性化服务

4 民宿房间体量小，客人数量相对较少，因而民宿有精力可以提供个性化服务

图2-5 提供个性化服务的好处

鉴于上述种种的好处，民宿可以从以下几个方面着手来做好个性化服务。

（1）要有个性化服务意识及个性化服务内容，能够根据客人的特殊情况及个体情况提供针对性服务。

比如，客人由于飞机晚点，凌晨才到店里，民宿老板亲自做了一份夜宵或客房提前准备好糕点送至客房并留下温馨卡片给客人。

（2）打破常规，换种思维方式去提供服务。

（3）收集客人入住信息及关注客人入住行为习惯。

比如，清洁人员打扫客房卫生，发现卫生间的马桶上缠着一圈卫生纸。清洁人员把这个事情反映给店长，店长就立即派人去买了一些一次性马桶坐垫，放在马桶盖上。

（4）民宿经营者在一些事情上适当给予工作人员更多权限，从而工作人员在服务上可以更加自主灵活。要知道，有时服务做不好，是由于工作人员权限不够造成的。

比如，以下情景。

客人："您好，我们有个小孩，晚上您能让厨房帮我们蒸一碗鸡蛋羹吗？"

前台："您稍等，我去问一下我们老板。"

在这个情景中，前台不知道到底能不能做，做好后是否收钱，如果收钱该收多少，从而造成服务延时，给客人体验感不是很好。如果前台有一定范围的权限，直接就可以回复客人了。

2.管家式服务

管家式服务就是民宿的管家充当客人的私人管家，处理客人各种要求、预订、预约等问题，提供一站式服务。

比如，帮助客人安排车辆、规划旅游行程、预订门票、旅游导游等。

管家式服务分一对一管家服务、一对多管家服务。管家式服务对于客人来说是一种享受体验型服务。限制于人力成本等诸多因素，管家式服务比较适用于精品高端客栈民宿。

（1）提高管家服务素养及工作能力。由于管家的工作内容要求多样化，管家要一职多能，如会开车、会讲解景点、会简单维修、能陪聊等。

（2）跟客人建立好关系，告知客人管家提供的服务内容及了解客人的需求。不要让客人觉得住店期间没享受到管家服务。

3.低价高值服务

低价高值服务是指民宿消耗极低的人力成本、物力成本，却从客人角度得到了很有价值的服务。

比如，叫醒服务、行李寄存、延迟退房（当天没有客人入住的情况）、提供针线包雨伞等生活用品、行程规划、预订门票、收发快递、照片打印等。

4.人情味服务

人情味服务是一种有温度、能够传递情感的服务。人情味的服务能够让客人感受到客栈民宿的情感，从而能够调动起客人的情绪。如感动情绪，让客人心理暖暖的。

情绪波动分为两种，负面情绪波动（失望、愤怒、不解等）、正面情绪波动（感动、暖心等）。提高人情味服务有图2-6所示的三种方法。

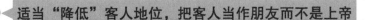

适当"降低"客人地位，把客人当作朋友而不是上帝

如果客人站在上帝角度，把民宿提供的任何服务都当作理所当然，很难引起情绪波动

在服务过程中，学会用暗示语

比如"我们本来没有义务做，但是我们很愿意帮您""别人家不会这样做，但是为了您我们打破常规"等，通过暗示，让客人心理出现波动

超出客人的心理预期

客人心理预期一般来源于以往的住宿体验、经历。如果服务质量、服务形式超出客人心理预期，那么就会调动起客人的情绪

图2-6 提高人情味服务的方法

二、服务要求严格化

只有超出预期的服务，才能够给客人带来惊喜。这就要求民宿的服务能做到图2-7所示的几点。

1 区别服务对待，针对不同的客人提供灵活性的服务

2 细心、主动、能够有预见性地为客人服务。如客人从外面买了一些水果回来，主动问客人是否需要水果刀及果盘

3 打破常规，站在客人角度考虑问题

图2-7 服务要求严格化的措施

三、服务态度满意化

好的服务态度包括认真、热情、主动、尊重、礼貌、诚恳、及时等。

在评论中，经常看到差评写道，服务态度很差或者服务态度恶劣。

比如，"想要用衣架，给前台打了三次电话都没送来"，这条差评就是由服务不及时引起的。

服务差评中，很大一部分是由服务态度差引发的，在服务过程中，一定要有个好的服务态度，重视客人的需求，第一时间帮助客人解决需求。

四、服务质量优质化

对于民宿来说，好的服务质量有图2-8所示的三个衡量标准。

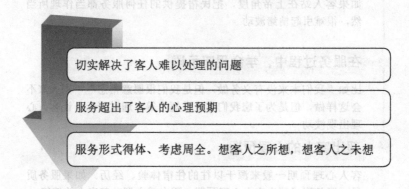

切实解决了客人难以处理的问题

服务超出了客人的心理预期

服务形式得体、考虑周全。想客人之所想，想客人之未想

图2-8　高质量的服务标准

也就是说，我们需要紧紧围绕着客人的需求来服务，要发现并满足客人显性和隐性的需求。

何谓显性需求呢？就是具有通识性的、易察觉的需求。这些需求主要包括大家对于如安全、卫生、诚信、规范、效率等住宿空间内最基础且必需的要求。所有人都会希望入住的空间是卫生整洁的、安全的，感受到的服务是真心实意的，有需要的时候是及时到位的。

而隐性需求呢？这其实是在满足了基础规范要求后，深层次提升服务质量和避免客人投诉的关键环节。不同的人群有着不同的隐性需求。

（1）带着小朋友的父母——小朋友怎么玩得放心、开心。

（2）带着长辈来的年轻人——长辈如何感受到这里的贴心、温馨。

（3）辗转几千公里而来的客人——如何觉得不虚此行。

（4）同城度假的客人——探索熟悉外的新奇、别样之美。

（5）多次到来的客人——如何体会到持续的感动与惊喜。

可见，不同的人群有着不同的细分诉求，小到种种非常规情况下的应对和处理，这就需要我们保持敏感，多观察思考，多和客人沟通，让需求或问题得以显现，需求被满足，问题被解决，满意度才能提升。

除了一些突发情况外，我们还要特别注意那些沟通较少的客人，很多时候，缺少沟通比直接提意见或是抱怨带来的隐患更大，所以要争取和每一位客人产生良好到位的沟通，让愉悦进一步升华，让不满得以宣泄，问题得以暴露和及时处理，也是我们改进自身服务的契机。

可以主动问询客人的入住体验，还可以结合入住的具体房型特点，有针对性的了解沟通，客人在这个区域内没有想到的体验内容也可以做一些推荐，让他们的旅程更丰富有趣。

下面我们对两个前台回答进行比较。

客人："去××山怎么去啊？"

前台1："可以出去打车，跟师傅说一下地点就可以了。"

前台2："您可以坐公交车，我把车次及换车点给您写在纸上。您要是嫌麻烦，可以打车过去，车费大约××元。到了后，可以选择步行或者坐索道上去。景区门票是××元，索道费用是××元。您可以先在网上买好门票和索道的套票，这样要比直接购买便宜××元。山上温度较低，您多带一件衣服。另外，这段时间经常下雨，山上会落石，比较危险，不太建议您去。您带着小孩，可以去××景区，那里有儿童乐园，风景也很漂亮，离咱们店很近，出去打车十五分钟就到了。"

在这个咨询问答服务情景中，前台1的回答，简略告诉客人的该怎么做。这个回答不能让客人满意。前台2的回答，从用车到门票及注意事项，回答得更详细完整，并且给出了自己的一些建议。很显然，客人会更满意前台2的种回答。

五、服务流程标准化

民宿的部分服务流程也可以做到标准化。

1.客人入住前服务流程

确认客人订单后，第一时间找到客人联系方式，主动联系客人。

（1）告知客人已经预订成功，并再次确认入住信息，如入住时间。常常有客人在预定时候，发生入住时间填写错的情况，与客人再次确认入住信息可避免此类情况的发生。

（2）询问客人出行有关信息，包括乘坐什么交通工具过来，是火车、汽车、飞机还是自驾游等，大约到达时间，是否需要接车。

（3）出行情况，是旅游、商务还是度假等。

（4）结伴情况，是独自出行，还是情侣、朋友、夫妻结伴出行。同行中是否有小孩或者老人。

（5）饮食方面有哪些禁忌。

（6）有没有行程规划。

（7）添加客人微信，给客人发送店址地图信息或定位及乘坐车辆信息。

下面我们来对入住前的两个案例进行比较：

案例1：客人在某个平台上预订了A民宿一间房。A民宿的前台人员收到信息后，把客人的入住信息登记后就不管了。

案例2：客人在某个OTA❶平台上预订了B民宿一间房。B民宿的前台人员收到OTA后台信息后，把客人的入住信息登记下来。然后找到客人的电话号码，第一时间联系上

---

❶ OTA，Online Travel Agency，在线旅游，是旅游电子商务行业的专业用语。

客人，内容如下：首先欢迎客人预订并告诉客人已经预订成功了。然后询问客人的情况，几个人过来，是不是带小孩或者有老人随行，有没有一些特殊的要求。最后，寻问客人微信号，添加了客人的微信。在微信里把客栈的地图及交通路线给客人发过去。同时，查了一下客人入住日期的天气状况，提醒客人。

分析上面两个案例，第一个案例是被动接受型，对客人的信息了解有限。第二个案例工作人员主动出击型，对客人的信息有了一个很全面的了解掌握，然后根据客人的信息做出一些有针对性的安排。

2.客人入住期间服务流程

在客人入住期间，民宿可以搜集客人资料，加以整理，根据客人的个体情况做一些针对性的服务安排。

如果客人是情侣出行，房间布置可以浪漫一点；如果客人有老人小孩随行，可以安排低楼层，光照好的房间；还可在客房里提前准备一些儿童用品，如儿童图书、小玩具；如果客人飞机晚点，可以给客人准备一些夜宵。

比如，某民宿前台人员根据客人预订前的信息了解到，客人来这里是度蜜月。在房间整理过程中，提前在客房做了精心布置，在客床上用新鲜的玫瑰花摆置了一个心形图案，并且在地面上用蜡烛摆置了一个心形图案。客人打开房门，看见房间里面的布置，出乎意料，十分感动。

又如，民宿经营者王先生在微信朋友圈看到入住客人发表的一条说说："带的相机坏了，我们毕业旅行的照片只能用手机凑合拍了"，后面发了一个大哭的表情。第二天，王先生立即安排店里精通拍摄的员工，给两个客人免费拍摄了一组毕业旅行照片。

3.退房后服务流程

（1）在最短的时间内办理好退房手续。

（2）送给客人一瓶水或者一些其他的小礼品。

（3）把客人的行李搬上车，和客人说再见。

（4）发信息询问客人是否安全到达目的地。

> **小提示：**
>
> 服务是没有止境的，这也意味着可能无法满足所有人的所有需求，甚至客人与客人，客群与客群之间的需求本身也存在着差异与冲突，但是这不代表你不能去打造一个平衡且不断改进的服务体系。

六、服务执行有效化

服务的关键在于能够有效执行。对于民宿来说，从店长到前台、清洁人员都是服务的执行者。因此，民宿经营者应从图2-9所示的几个方面来加强服务的执行力。

1 进行人员服务培训，提高服务意识及服务能力

2 有效刺激员工，设置奖惩制度，来提高服务质量。如被客人提名表扬的员工，给予物质精神奖励

3 部分服务内容流程化，按照流程认真执行

4 关注员工心理状态，服务的好坏与员工的状态有很大关系。发现员工状态不对，要及时了解原因，和员工进行沟通

图2-9　提高服务执行力的措施

 相关链接

提高民宿的服务价值

无论民宿经营者还是服务员，与顾客交流的每一秒钟，都是服务时间。一句话，一个眼神，一个微笑，都是服务。

从招待所式的服务，到星级酒店规范化、标准化服务，酒店行业一直在进步，在行业竞争激烈的当下，服务更提倡个性化和人文化，这也是民宿受到欢迎的原因之一。

1.敏锐的洞察力是做好服务的前提

作为一名优秀服务人员，首先要学会观察，我们要在与客人眼神交流的瞬间，在最短的时间内观察客人言谈举止，推断出客人究竟希望得到什么样的服务。

2.广博的知识面是做好服务的基石

选择民宿，是因为顾客想更深度地接触当地的风土人情，所以，当顾客向服务人员咨询附近的景点、交通、人文等方面的信息时，如果服务人员一无所知或知之甚少，会影响服务质量。

对民宿服务人员来说，知识面狭窄，也就不能正确推断顾客的真正需求是什么，潜在需求是什么，所以，民宿服务人员知识的积累和学习也非常重要。

3.注重细节是打动顾客的关键

比如一家温泉民宿，进门时服务人员不但准备了拖鞋、浴衣等用品，还准备了水

果、巧克力等食品，因为在泡温泉时体力不足是比较常见的。不仅如此，在卫生间里，不但洗漱用品一应俱全，竟然还为女生准备了刘海贴。因为对这家民宿服务和环境比较满意，很多旅客也成了回头客，甚至还介绍亲朋好友入住。

对顾客来说，在一般都满意的情况下，细节就成了关键，服务人员需要做的不仅是让顾客满意，更要留住顾客的心。

4.说话的艺术是做好服务的催化剂

说话是种艺术，同样的话，有不同的说法，没有最好，只有更好。我们在为客人提供服务时，不仅要有眼神、微笑、动作，而且还要配以得体的语言。

比起说什么，顾客更在乎你说话的态度和方式，因此，在说话的时候一定要讲求艺术性。

在说话中要考虑，不同的主体，不同的场景、场合，说话者的身份、年龄、性别、性格、气质、职业、趣味、胸襟、气度等，在尊重顾客的同时，要做到不卑不亢。

5.独具匠心的个性是做好服务的升华

作为民宿，不论是一个服务团队，还是一个服务个体，在经过独具匠心的设计后，为客人进行量身定制的个性化服务都是非常必要的。

比如"惠爱乡居"民宿品牌，为有孩子的家庭提供的会员服务里，包含了"惠爱亲子俱乐部"，俱乐部组织有孩子的家庭在休息日共同前往依山傍水的民宿过田园生活，亲近大自然，交流情感。这便是定制的个性化服务。

其实，对民宿来说，服务是房价的一部分，无论房价多少，好的服务是必不可少的，用心去对待每位顾客，不但能收获盈利，还能收获真挚的感情。

第四节　保障安全

经营一家民宿，不但要给旅客提供舒适的环境和优质的服务，更要保障旅客的安全，让旅客住得安心、住得放心。

一、基础安全

（1）预先询问入住人是否带老人或小孩，提醒客人注意相关安全事项，例如窗户、阳台、楼梯安全等。

（2）安装或准备好灭火器、烟雾报警器、医疗急救包、声控灯、手电筒等逃生工具，在客人入住时向他们说明此类安全设施的位置，给客人最全面最及时的人身安全及财产保护措施。

（3）制定房屋安全手册，提供房东紧急联系电话、周边的医院、派出所位置，以及其他房客在紧急情况下需要用的信息，把安全手册放在显眼的位置。

> **小提示：**
>
> 　　检测是预防的第一步，定期做好检测工作，并确保在房源描述中实时更新安全信息。

二、厨房安全

（1）燃气检查。定期检查燃气管道和燃气阀门，防止燃气泄漏，可以在燃气灶上方张贴"燃气安全使用指南"。

（2）灭火装置。厨房最好配备烟感和喷淋装置，装置无遮挡物，且测试有效；如无此装置，可放置灭火器。

（3）定期通风。安装通风装置；经常开窗，保持空气流动性。

（4）远离易燃物。不要在炉灶近处摆放易燃物品，如油、酒精、塑料制品等。

三、浴室安全

（1）防爆。玻璃淋浴间，一定要贴防爆膜，否则玻璃碎裂四处迸溅伤到客人，后果十分严重。

（2）防滑。干湿分离，保持沐浴之外的场地干燥；地面用防滑建材；浴室内铺设防滑垫。

（3）防电。浴室内有插座，要远离水源，加盖来降低漏电危险系数。与此同时，也要选择一款带有防电墙功能的热水器。

（4）扶手。浴室可以多装一个安全扶手，不仅可以保护老人和小孩，也可以当作置物架收纳沐浴露、洗发水等用品。

四、用电安全

（1）选用合格的家用电器，并定期检查及维护房屋内电器设备的正常运行。

（2）定期检查线路、开关、插头、插座等配件，发现问题及时维修或更换。

（3）制作电器使用说明，将说明书摆放在显眼位置，并提醒房客认真阅读。

五、公共安全

（1）阳台。阳台护栏需贴有安全提示，阳台护栏高度低于135厘米时，需要安装防护网。

（2）入户。确认楼禁、门禁、门锁、电梯、窗户等是否完好。

（3）通道。保证消防通道通畅，避免堆积易燃杂物，张贴紧急疏散示意图。

 相关链接〈·······························

农家乐（民宿）建筑防火导则（试行）

第一章　总则

第一条　为预防农家乐（民宿）建筑火灾，规范防火改造措施，加强消防安全管理水平，降低火灾风险，保护人身和财产安全，促进乡村旅游发展，制定本农家乐（民宿）建筑防火导则。

第二条　本导则中农家乐（民宿）是指位于镇（不包括城关镇）、乡、村庄的，利用村民自建住宅进行改造的，为消费者提供住宿、餐饮、休闲娱乐、小型零售等服务的场所。

第三条　本导则适用于经营用客房数量不超过14个标准间（或单间）、最高4层且建筑面积不超过800平方米的农家乐（民宿）。

超过上述规模或新建的农家乐（民宿），应符合《农村防火规范》GB 50039、《旅馆建筑设计规范》JGJ 62、《建筑设计防火规范》GB 50016要求。

本导则不适用于土楼、地坑院、窑洞、毡房、蒙古包等传统建筑。

已经投入使用的农家乐（民宿）的消防安全技术措施不符合本导则要求的，应按本导则要求进行改造，完善消防安全技术措施。

第四条　防火改造措施应当遵循因地制宜、安全适用的原则。

第五条　本导则适用范围内的农家乐（民宿）不纳入建设工程消防监督管理和公众聚集场所开业前消防安全检查范围。

第六条　文物建筑改造为农家乐（民宿）时应符合文物部门的有关规定。

第二章　消防基础设施要求

第七条　设有农家乐（民宿）的村镇，其消防基础设施应与农村基础设施统一建设和管理。

第八条　设有农家乐（民宿）的村镇建设给水管网时，应配置消火栓。已有给水管网但未配置消火栓的地区，村镇改造时应统一配置室外消火栓。无给水管网的地区，村镇改造时应设置天然水源取水设施或消防水池，山区宜设置高位消防水池。消防水池的容量不宜小于144立方米，当村镇内的农家乐（民宿）柱、梁、楼板为可燃材料时，消防水池的容量不宜小于200立方米。

第九条　砖木结构、木结构的农家乐（民宿）连片分布的区域，应采取设置防火隔离带、设置防火分隔、开辟消防通道、提高建筑耐火等级、改造给水管网、增设消防水源等措施，改善消防安全条件、降低火灾风险。

第三章　消防安全技术措施

第十条　农家乐（民宿）建筑应满足下列基本消防安全条件。

1.不得采用金属夹心板材作为建筑材料。

2.休闲娱乐区、具有娱乐功能的餐饮区总建筑面积不应大于500平方米。

3.位于同一建筑内的不同农家乐（民宿）之间应采用不燃性实体墙进行分隔，并独立进行疏散。

4.应设置独立式感烟火灾探测报警器或火灾自动报警系统。

5.每25平方米应至少配备一具2千克灭火器，灭火器可采用水基型灭火器或ABC干粉灭火器，灭火器设置在各层的公共部位及首层出口处。

6.每间客房均应按照住宿人数每人配备手电筒、逃生用口罩或消防自救呼吸器等设施，并应在明显部位张贴疏散示意图。

7.安全出口、楼梯间、疏散走道应设置保持视觉连续的灯光疏散指示标志，楼梯间、疏散走道应设置应急照明灯。

第十一条　封闭楼梯间、敞开楼梯间、室外楼梯的出入口或直通室外的出口可以作为安全出口；当主体结构为可燃材料时，木质楼梯应经阻燃处理，楼梯的宽度、坡度应满足人员疏散要求。

第十二条　墙、柱、梁、楼板和屋顶承重构件等均为不燃材料的农家乐（民宿），应符合下列消防安全要求。

1.采用钢结构时应进行防火保护，柱的耐火极限应达到2.0小时，梁的耐火极限应达到1.5小时。

2.每层安全出口不应少于2个，相邻两个安全出口最近边缘之间的水平距离应大于5米。当房间门至楼梯入口的疏散距离小于15米，且使用楼梯疏散的各层人数之和不超过50人时，除首层外可设置1个安全出口。

3.楼梯间隔墙、室外楼梯贴邻的外墙、楼梯的建造材料应采用不燃材料。

第十三条　墙、柱、梁、楼板等均为不燃材料，屋顶承重构件为可燃材料的农家乐（民宿），应符合下列消防安全要求。

1.经营用建筑层数不应超过3层。

2.采用钢结构时应进行防火保护，柱的耐火极限应达到2.0小时，梁的耐火极限应达到1.0小时。

3.每层安全出口不应少于2个，相邻两个安全出口最近边缘之间的水平距离应大于5米。当房间门至楼梯入口的疏散距离小于15米，且使用楼梯疏散的各层人数之和不超过25人时，除首层外可设置1个安全出口。

4.楼梯间隔墙、室外楼梯贴邻的外墙、楼梯的建造材料应采用不燃材料。

第十四条　柱、梁、楼板等为可燃材料的农家乐（民宿），应符合下列消防安全要求。

1.经营用建筑层数不应超过3层；当经营用建筑层数为3层时，每层最大建筑面积不应超过200平方米；当经营用建筑层数为2层时，每层最大建筑面积不应超过300平方米。

2.每一层安全出口不应少于2个，相邻两个安全出口最近边缘之间的水平距离应大于5米。当每层最大建筑面积不超过200平方米，房间门至楼梯入口的疏散距离小于15米，且使用楼梯疏散的各层人数之和不超过15人时，除首层外可设置1个安全出口。

第十五条　客房、餐厅、休闲娱乐区、零售区、厨房等不应设置在地下室或半地下室。零售区、厨房宜设置在首层或其他设有直接对外出口的楼层。

第十六条　客房、餐厅、休闲娱乐场所、厨房等应设有开向户外的窗户，确有困难时，可开向开敞的内天井。窗户不应设置金属栅栏、防盗网、广告牌等遮挡物，确需设置防盗网时，防盗网和窗户应从内部易于开启。窗户净高度不宜小于1.0米，净宽度不宜小于0.8米，窗台下沿距室内地面高度不应大于1.2米。

第十七条　厨房与建筑内的其他部位之间应采用防火分隔措施。厨房墙面应采用不燃材料，顶棚和屋面应采用不燃或难燃材料，灶台、烟囱应采用不燃材料。

砖木结构、木结构的农家乐（民宿）厨房防火措施达不到要求的，与炉灶相邻的墙面应作不燃化处理，灶台周围2.0米范围内应采用不燃地面，炉灶正上方2.0米范围内不应有可燃物。

第十八条　有条件的地区，可在二层以上客房、餐厅设置建筑火灾逃生避难器材。

第十九条　具备条件的砖木结构、木结构农家乐（民宿）建筑可适当进行阻燃处理，以提高主要建筑构件耐火能力。

第二十条　单栋建筑客房数量超过8间或同时用餐、休闲娱乐人数超过40人时，应设置简易自动喷水灭火系统；如给水管网压力不足但具备自来水管道时，应设置轻便消防水龙。

第二十一条　禁止采用可燃、易燃装修材料。楼梯间的顶棚、墙面和地面应采用不燃装修材料；疏散走道的顶棚应采用不燃装修材料，墙面和地面应采用不燃或难燃的装修材料；客房与公共活动用房的顶棚、地面应采用不燃或难燃的装修材料。建筑外墙不得采用可燃易燃保温材料和可燃易燃外墙装饰装修材料。

第二十二条 应当在可燃气体或液体储罐、可燃物堆放场地、停车场等场所。以及临近山林、草场的显著位置设置"禁止烟火""禁止吸烟""禁止放易燃物""禁止带火种""禁止燃放鞭炮""当心火灾——易燃物""当心爆炸——爆炸性物质"等警示标志。在消防设施设置场所、具有火灾危险性的区域应在显著位置设置相应消防安全警示标志或防火公约。

第四章 日常消防安全管理

第二十三条 应确保疏散通道、安全出口、消防车通道畅通。不得损坏、挪用或擅自拆除、停用消防设施、器材,不得埋压、圈占、遮挡消火栓或占用防火间距。

第二十四条 每日昼夜应各进行一次消防安全巡检,确保消防安全。

第二十五条 不应在燃煤燃柴炉灶周围2.0米范围内堆放柴草等可燃物。严禁在卧室使用燃气灶具。严禁卧床吸烟。砖木结构、木结构的农家乐(民宿)建筑内严禁吸烟。

第二十六条 农家乐(民宿)的客房内不得使用明火加热、取暖。在其他场所使用明火加热、取暖,或使用明火照明、驱蚊时,应将火源放置在不燃材料的基座上,与周围可燃物确保安全距离。

第二十七条 燃放烟花爆竹、烧烤、篝火,或有其他动用明火行为时,应设置单独区域,并应远离易燃易爆危险品存放地和柴草、饲草、农作物等可燃物堆放地,以及车辆停放区域。

禁止在农家乐(民宿)建筑周边30米范围内销售、存储、燃放烟花爆竹,并严格遵守当地关于禁止燃放烟花爆竹的相关规定。

农家乐(民宿)临近山区、林场、农场、牧场、风景名胜区时,禁止燃放孔明灯。

第二十八条 室内敷设电气线路时应避开潮湿部位和炉灶、烟囱等高温部位,且不应直接敷设在可燃物上,导线的连接部分应牢固可靠。当必需敷设在可燃物上或在有可燃物的吊顶内时,应穿金属管、阻燃套管保护,或采用阻燃电缆。严禁私拉乱接电气线路,严禁擅自增设大功率用电设备,严禁在电气线路上搭、挂物品。

第二十九条 严禁使用铜丝、铁丝等代替保险丝,不得随意更换大额定电流保险丝。客房内严禁使用大功率用电设备;厨房内使用电加热设备后,应及时切断电源。停电后应拔掉电加热设备电源插头。用电取暖时,应选用具备超温自动关闭功能的设备。

第三十条 照明灯具表面的高温部位应与可燃物保持0.5米以上的距离;靠近可

燃物布置时，应采取隔热、散热等措施。使用额定功率超过100瓦的灯具时，引入线应采用瓷管、矿棉等不燃材料作隔热保护；使用额定功率超过60瓦的灯具时，灯具及镇流器不应直接安装在可燃物上。

第三十一条　严禁贴邻安全出口、疏散楼梯、疏散通道及燃气管线停放电动汽车、电动自行车，或对电动汽车、电动自行车充电。电动汽车充电装置应具备充电完成后自动断电的功能，并具备短路漏电保护装置，充电装置附近应配备必要的消防设施。

第三十二条　严禁在地下室、客房、餐厅内存放和使用瓶装液化石油气。不宜在厨房内存储液化石油气；确需放置在厨房时，每个灶具配置不得超过1瓶，钢瓶与灶具之间的距离不应小于0.5米。存放和使用液化石油气钢瓶的房间应保持良好通风。

第三十三条　严禁超量灌装、敲打、倒置、碰撞液化石油气钢瓶，严禁随意倾倒残液和私自灌气。

第三十四条　严禁在客房内安装燃气热水器。

第三十五条　严禁在客房、餐厅内存放汽油、煤油、柴油、酒精等易燃、可燃液体。

第五章　施工现场消防安全管理

第三十六条　施工时应指定施工现场防火安全责任人，落实消防安全管理责任。

第三十七条　施工现场防火安全责任人在进场前应对施工人员进行消防安全教育培训。

培训内容应包括消防安全管理制度、防火技术方案、灭火及应急疏散预案，施工现场消防设施使用、维护方法，扑救火灾及自救逃生的知识和技能，报警程序和方法等。

第三十八条　施工现场室外临时存放的材料应分类成垛堆放，垛与垛间距不应小于2.0米，并应采用不燃或难燃材料覆盖。应及时清理施工现场产生的可燃、易燃建筑垃圾或剩料。

在室内使用油漆等易挥发产生易燃气体时，应保持通风、严禁明火、采用防静电措施。

第三十九条　施工现场存在以下情形之一时，严禁动火作业。

1.防火安全责任人不明确。

2.周围的可燃易燃杂物未清除。

3.附近固定可燃物未采取防护措施。

4.盛装易燃液体的容器、管道，未清洗彻底。

5.受热膨胀、变形或破损的容器、管道,有爆炸危险。

6.储存易燃易爆物品的场所,未排除火灾爆炸危险。

7.高空焊接或焊割前,附近及下方可燃物未清理或未采取保护措施。

8.未配备相应灭火器材。

第四十条 施工现场动火作业时,应做到以下要求。

1.明确防火安全责任人。

2.动火人员应严格执行安全操作规程。

3.发现有火灾危险,应立即停止动火。

4.风力达到五级及以上时,应停止室外动火作业。

5.发生火灾爆炸事故时,应及时扑救并疏散人员。

第四十一条 施工现场动火作业后,应彻底清理现场火种,确保完全熄灭,施工人员应留守现场至少30分钟。

第四十二条 施工中,严禁使用绝缘老化或失去绝缘性能的电气线路,并应及时更换破损、烧焦的插座、插头。60瓦以下的普通灯具距可燃物不应小于0.3米,高热灯具距可燃物不应小于0.5米。严禁私自改装现场供用电设施。

第四十三条 施工现场的防火安全责任人应定期组织防火检查,重点检查可燃物、易燃易爆危险品的管理措施是否落实、动用明火时的防火措施是否落实、用火用电用气是否存在违章操作、电气焊及保温防水施工是否执行操作规程、临时消防设施是否完好有效、临时消防车道及临时疏散设施是否畅通等内容。

施工现场应做好临时消防设施和疏散设施日常维护工作,及时维修和更换失效、损坏的消防设施。

第四十四条 在施工现场的重点防火部位或区域,应设置消防安全警示标志。施工现场严禁吸烟。

第六章 消防安全职责

第四十五条 乡镇人民政府、公安派出所、村民委员会、农民合作组、农家乐(民宿)行业协会应加强防火检查和消防安全网格化管理,制定防火公约,组织开展群众性的消防安全宣传教育。

第四十六条 农家乐(民宿)的业主(或负责人)是消防安全责任人,应履行下列消防安全职责。

1.建立健全防火责任制和消防安全制度。

2.配齐并维护保养消防设施、器材。

3.组织开展防火检查,整改火灾隐患。

4.每年对从业人员进行消防安全教育培训。

5.制定灭火和疏散预案，每半年至少组织一次消防演练。

6.及时报火警，组织引导人员疏散，组织扑救初期火灾。

第四十七条 农家乐（民宿）的从业人员应熟悉岗位消防职责和要求，做到"一懂三会"（一懂：懂本场所火灾危害性；三会：会报火警、会使用灭火器、会组织疏散逃生）。

第四十八条 村民委员会或经营管理农家乐（民宿）的行业协会应建立志愿消防队。有条件的地区，应根据需要建立专职消防队。

志愿消防队应有固定场所，配备消防车、手抬机动泵、吸水管、水枪、水带、灭火器、破拆工具等消防装备，设置火警电话和值班人员，有志愿消防队员。志愿消防队应组织队员每月开展不少于2次消防技能训练、1次消防业务学习。

第五节　控制成本

成本控制有利于实现民宿利润最大化，从而提高民宿在区域、行业内的竞争力。成本控制不是简单的缩减，而是在保证质量并且能够提高质量的情况下，对人力、物力使用进行科学梳理调整，提高综合利用率。

一、人力成本控制

1.成本范围

民宿人力成本包括人员薪酬成本、人员生活成本（吃住、日常生活用品购买等）、人员福利成本（缴纳五险一金、过节福利等）。

2.常见问题

（1）人员数量冗余。体现在人员岗位重叠化，人浮于事。如一个岗位有一个人胜任就足够，但是会出现两到三个人同时在一个岗位工作。如果多出一个员工，假设每个月薪酬3000元，那么一年下来就要多支出36000元，这还不包括其他成本支出。对于体量小的民宿，这笔钱不是一个小的数目。

（2）人员职业能力较弱。体现在工作能力较弱。如前台只会做一些简单接待，而不会做诸如打扫卫生、网络推广营销、设备简单维修等其他事情。民宿不同于酒店，各个岗位都有专门的人员负责，而在民宿中，往往是一人多职，这就需要民宿的工作人员有较高的工作能力。

（3）淡旺季人员数量无差别。在淡旺季，客人数量会发生明显变化，如淡季可能每天有90％甚至100％的入住率。到了淡季，入住率可能一下跌倒40％、50％。这个时候，对于打扫房间的人员就不会需求那么多，旺季需要4个而淡季只需2个就可以胜任了。

3.解决方法

（1）优化人员架构体系，精简人员。通过对每个岗位、工作量、淡旺季分析，在保证服务和工作质量不变情况下，优化人员架构体系，精简现有人员。从而减少薪酬支出，达到人员成本控制。

（2）提高员工综合素质，加强员工培训，提高工作能力。使之由工作一面手变成多面手，从而减少对员工数量的需求。把每一个员工打造成能接待客人、能网络推广、能维修设施、会打扫卫生等全能角色。

（3）制定合理的薪酬方案。很多民宿采取传统单一的固定工资薪酬体系。这种体系的弊端很明显，旺季时民宿盈利较多，员工付出多，工资没变，这会打击到员工积极性。淡季时候，民宿挣得少。员工付出相对较少，工资依然不变，这会影响民宿利润。民宿经营者可以采用基本工资＋绩效工资＋福利这种薪酬体系。这种形式更加多样灵活，多劳多得，能够极大激发员工的积极性，从而提高工作效率，创造出更多利润。

（4）淡旺季人员合理安排，减少人员成本支出。由于淡旺季客流量的差别，对应的是淡旺季工作量的差别，尤其体现在客房打扫卫生人员数量上。对于这种差别，要灵活安排人员。如旺季在保证现有人员不变情况下，可以通过兼职形式来招聘打扫人员。或者通过时间调整，安排其他人员一起打扫。

（5）建立健全财务监管体系，防止出现财务上的漏洞。

二、物耗成本控制

物耗成本涉及范围较广，是成本控制中可控空间最大的一个。物耗成本如果进行合理有效的控制，能够最大限度地提高利润空间。

1.成本范围

物耗成本主要包括客房耗品、日常用品等。

2.常见问题

（1）采购：采购制度、方法不完善。

（2）使用：使用制度、方法不合理，浪费现象较为严重。

（3）缺少对物耗成本统计分析，对耗品价格及使用数量不敏感。

（4）设备设施陈旧落后。

（5）缺乏有效的执行力。

（6）节约意识薄弱，缺乏节约理念宣传。

3.解决方法

在整体上形成一套采购、使用流程制度，加强耗品数据统计分析，提高人员节约意识。

对于客房耗品，可以采取以下控制措施。

（1）在不影响房间入住体验感情况下，根据价格、淡旺季情况搭配不同耗品（数量、质量）。如房间价格较高情况下，房间易耗品可以放置六件套甚至十件套，牙膏、牙刷、沐浴露、洗发露、护发素、润肤露、浴帽、针线包、鞋擦、梳子、剃须刀、护理包等。在质量上，可以选择小瓶装的品牌产品。在淡季房间价格低时候，减少易耗品套装数量。一些易耗品可以放在前台，客人有需要可以到前台来取。在质量上，可以换成价格较低、使用时间长的大瓶装。

（2）根据民宿文化理念及其所处位置，选择使用易耗品。如一些位置在海边的民宿，倡导保护环境、不使用一次性耗品。对此客人也能够理解，从而节省了部分易耗品的支出费用。

三、餐饮成本控制

民宿收入构成中，餐饮收入占比很大。餐饮成本的控制直接影响到餐饮的营业收入和利润，进而影响到客栈民宿的整体收入。

1.成本范围

餐饮成本控制范围包括食材调料费用、设备折旧费用等，涵盖采购、库存、发放、粗加工、切配、烹饪、服务、结账收款等环节，每一个环节都会影响到成本。

2.常见问题

（1）食材采购数量控制不当。

（2）食材价格供应不稳。

（3）食材浪费现象严重。

3.解决方法

（1）制定合理采购标准，采购人员应熟悉食材及周边市场动态变化。食材最好就地选购，减少运输成本。如果采购量大，挑选合适的供应商，建立长期合作关系。保证食材供应稳定及食材价格低于市场价格。做好库存管理，库存不当，则会引起食物变质等情况。

（2）在每天需求量少的情况下，减少库存数量，做到当天定量采购。

（3）制定早餐提供时间表，制定早餐提供的种类。早餐提供的种类要灵活多变，在保证食物质量的前提下，根据季节及食物价格，灵活更新早餐提供种类。

（4）量化食物，做到某些食物提供量与客人数量对应。

（5）在餐桌上张贴"节约食物"等宣传标语，提醒客人不要浪费。

（6）根据每天客人剩余食物量做数据统计分析，选择更换食物种类及数量。如规定每天每人两个鸡蛋，几个月的数据表明，80％的客人只吃了一个鸡蛋，那么接下来就可以更换鸡蛋的供量了。

四、能源成本控制

1. 成本范围

水、电、燃气每年费用支出会占到民宿支出的很大一部分。在水、电、气费用不变甚至上升的情况下，只有合理、节约使用，才能降低支出成本，从而实现成本控制。

2. 常见问题

（1）能源浪费严重。

（2）能源使用没有规划制度。

（3）由于设备因素影响，造成能源消耗量大。

3. 解决方法

（1）总体上制定合理规划的能源使用规则，杜绝浪费能源，提高客人和员工节约使用水、电、气的意识。

（2）根据季节、天日长短调整晚上亮灯时间及亮灯位置。如走廊、大厅、招牌等亮灯时间，夏季可安排在19:00，冬季可安排在18:00；23:00熄灭公共空间部分灯；24:00熄灭除走廊以外所有的灯；早上7:00熄灭走廊灯。

（3）客房及公共空间放置提醒节约用水用电的牌子。

（4）根据情况，更新更换大功率用水用电设备。虽然短时间内造成成本支出，但从长远来看，则减少了成本支出。

五、销售成本控制

1. 成本范围

这里的销售成本，主要是指民宿在线上电商平台（OTA）做推广所付的佣金。

2. 常见问题

民宿销售渠道狭窄，过度依赖OTA平台。而OTA平台15％左右的佣金，对于体量小的民宿来说是一个不小的负担。

3. 解决方法

（1）拓宽销售渠道，减少对OTA平台的依赖，降低佣金成本。如通过提升服务、提升客人入住体验感，从而通过客人的口碑宣传，增加推荐客人来源渠道。

（2）根据淡旺季客人流量，适当性进行房态操作。如春节期间，由于线上线下客人流量巨大，如果民宿有二十间客房，那么可以拿一部分在OTA上销售，一部分选择在线下销售。全部在线下销售也不妥，会影响到客栈民宿与OTA的合作及在上面的排名。

（3）加强网络营销推广，加大直销平台客人来源。

（4）把OTA平台线上客人转化为线下客人。

六、维修成本控制

1.成本范围

维修更换成本在客栈民宿中也是一笔不小支出，并且也是一种必要支出。设施受损或者设施陈旧影响着客栈民宿正常运营。提高设施设备使用寿命，减少专业维修费用，可达到成本的有效控制。

2.常见问题

（1）设施出现状况，民宿不能自行修理解决。需要请专业人员修理，则会支出一笔较高的修理费。

（2）没有形成保养设备设施的习惯，加大了设施设备出现故障概率，缩短了其使用寿命。

3.解决方法

（1）爱惜爱护设施设备，加强设施设备保养。如定期清理空调内机过滤网、面盆过滤处积淀的污垢。

（2）卫生间放置提醒牌，如"请勿向便池内投扔杂物"。

（3）备好维修工具及一些替换品。如折叠梯、维修工具箱、电钻、马桶吸等。

（4）加强工作人员技能培训，能够胜任一些简单维修。如能够处理房间断电、卫生间马桶堵塞、断网、空调制冷制热慢等问题。

（5）对设施设备出现状况及解决方法进行书面记录。

 相关链接

民宿成本的构成

1.房租

就算民宿是自己的闲置房，自己就是房东、业主，那在成本里还是要算房租的，因为房屋拥有自身价值，即便是闲置，也不代表没有成本。而租用房子来做民宿，那房租成本就更不用说了。

根据对桂林、西安、成都、杭州、温州、丽江、大理、厦门、三亚等城市的调研数据来看，房租一般占到营业额1/6～1/5。

2.装修

装修是一笔非常大的投入，民宿经营者在成本计算时应把装修费用总数均摊到经营期内去做几年的均摊。并且在进行成本预算的时候，要去估算好装修回收期。一般来说，装修的回收期定在3～5年之间比较合理。在此情况下，装修投入的费用不管是按利率计算，还是按照其他项目的投资对比来看，都较为合理。如果回收期超过5年，基本上就没有什么利润或是收益可言了。

3.人工

很多人是打算自己与家人一起来经营民宿，并不打算雇请外人，这样的话人工成本是否等于零呢？实际上这和房租是一个道理，全家人都投入到这个经营中后，不应因为是自家人就可以不去算人工成本，不算工资和奖金，仅仅只是依靠营业利润来获得生活费用。在把民宿当成一个事业来做的时候，显然是不合理的。

4.日常损耗

一般分为几个部分，比如洗发水、沐浴露，甚至部分民宿会提供香氛、香水、洗面奶、香薰，还有一次性的牙膏、牙刷，包括布草送洗，这些都是经营中的日常损耗。

5.维修费用

这一部分包括电器、家具的维修费用。

03

第三章
民宿客栈推广

民宿是情怀与商业结合的产物。作为一种产品，它需要被民宿经营者推广出去。没有盈利的民宿无法长远走下去，实现盈利靠的是推广。通过推广才能将民宿的知名度打开，让更多人看到才会有人来体验，来住宿。

第一节 品牌推广

伴随着旅游行业的快速发展，旅游产品给民宿市场带来了越来越多的商机。不过，民宿想要成功抓住机遇，必须要借助品牌的力量，通过打造强势的民宿品牌，打造出自身的特色，这样，才能够给消费者一个选择你的理由。

一、品牌形象设计

品牌作为民宿的形象代表，向旅客传递着民宿的文化、价值观、个性特色、个性化服务、硬件设施等，由此在旅客心中产生综合形象，拉近了民宿与旅客之间的距离，使其变得"熟悉"，以建立起民宿良好的形象。

1.品牌形象设计的目的

很多民宿主面临着定位失准、品牌形象模糊的困难，为更好地吸引客源，提升民宿的经济效益，民宿品牌形象塑造的重要性也就凸显了出来。

品牌形象设计，从视觉、服务、情感等方面，丰富民宿的形象表现形式，消除旅客对民宿的陌生感，并逐步建立起信任基础，增强旅客对于民宿的品牌认同，强化对于民宿的个性化记忆，进而提高民宿的入住率，最终建立起民宿的品牌。

2.品牌形象设计需考虑的因素

在你策划民宿的开始，就要给民宿确定主题以及要吸引的目标客群，是学生，还是背包客，是家庭出游，还是独自旅行……

结合你民宿的主题和吸引的消费群体，并满足不同消费需求，以及目标客群的审美偏好，这些都影响着品牌形象的设计和打造。分析民宿的目标群体，我们能了解到他们更喜欢哪种品牌形象，比如民宿是休闲度假主题，这部分人通常渴望休闲、轻松，可以考虑融入诸如温馨、亲切等特质。

3.品牌LOGO的设计

LOGO能够有效地传递民宿的定位信息、形象信息，让人知道你做的是一家什么样的民宿。

在制作LOGO时，设计风格以简洁为佳，不要烦琐，让人在数秒之内就能看清楚，便于记忆。要让旅客尽快熟悉，最好能够叫出名字来，尽快消除陌生感产生信任感，建立旅客对民宿的印象并接受其形象，增强品牌的影响力和竞争力，以获得更多的市场份额。

4.民宿品牌形象的基础要素系统

民宿不同于酒店，民宿主开门迎接旅客，尽量给人一种家的感觉，所以，品牌形象设计要贴近产品和旅客，强调家的温馨和人情味。

（1）标准色彩：根据民宿的特色选择，不要太花哨，做到视觉上的简洁与一目了然最好。

（2）标准字体：民宿属于旅游产品，字体设计可根据品牌的设计风格以及目标消费群体的审美喜好，或现代、或文艺、或质朴，注意中、英文标准字体和标志的设计风格统一。

（3）广告语：最好是简单易记、朗朗上口的，以强化品牌形象的识别和传播。

5.民宿的系列包装设计

当旅客接受了品牌形象，接下来就是预订和到场体验，对于旅客来说，熟悉民宿形象不等于熟悉民宿，需要入住导视，这个导视与旅客认知的品牌形象要一致，这就需要包装。

（1）旅客前往民宿时，民宿需要提供明确的导航地址，帮助旅客快速找到民宿。进入民宿以后，内部的环境及物品识别、提示牌设计与指引，能让陌生环境迅速变得熟悉起来。

（2）民宿使用的洗浴用品、床上用品、毛巾浴袍，民宿提供早餐的餐券等，上面都要标上品牌。

（3）名片、信封、信纸、各种票据、留言条等统一设计，当旅客使用这些东西的时候，通过触觉和视觉，加深品牌印象，增加旅客对品牌形象的好感。

6.民宿的营销系统设计

形象设计的目的，是增加民宿与消费者情感的连接，增加消费者对于品牌的认同。

（1）设计一个民宿周边游的小册子，供旅客在当地游玩时参考，既可留客多住几日，也宣传了品牌。

（2）民宿售卖当地的土特产品、纪念品，为旅客带点回去给家人、朋友提供方便，对于商品的包装，不仅是销售的需要，也是旅客对民宿的一份记忆。

（3）海报、招贴设计，要有连贯性，视觉形象要统一，现在的自媒体很发达，这些设计可以用于微信等社交化传播。

二、品牌形象打造

品牌打造伴随着民宿从策划到落地，再到运营管理、营销和服务的全过程。

1.起一个能注册商标的名字

很多投资者在给民宿起名字的时候，会用一些通用词汇作为自己民宿的名称。

其实，品牌不仅仅是为方便旅客辨识、记忆和传播，更重要的品牌是民宿的无形资产。建议在命名的时候，去"国家市场监督管理总局商标局"的网站上查询一下，并注册成商标。

> **小提示：**
>
> 要让自己的品牌深入人心，首先要有一个好的品牌名字。简简单单的几个字必须传递出品牌的主要信息和特征，不仅要承载创始人的精神和理念，还要有高度的概括性，以便日后管理理念变更后依然适用。

2.打造品牌特色与风格

品牌能够反映出民宿的风格与特色，民宿主人的气质与修养，品牌的意境决定了民宿的体验感，也是形成民宿品牌的关键。

有一种东西叫"吸引力"，不同特色的民宿会吸引不同兴趣的客群。就拿传统民宿来说，有陕西窑洞、福建土楼、徽派建筑等。

民宿品牌设计是对目标客群投其所好，把客群的审美喜好放大，借着品牌给出的出行方案对当地历史背景、人文风情做分享时，顺便对民宿品牌做了宣传，并在地域文化特征中，打上你民宿品牌的烙印。

3.打造品牌文化

民宿品牌需要文化的注入，可以结合地域文化、主人情趣、特色服务等打造一个有故事、有场景的民宿，一个没有故事、没有人文的民宿，是没有生命力的。

品牌文化是在民宿经营中逐渐打造迭代而成的，是一个积淀的过程，也是旅客逐步形成的认知与共识，代表着一种价值观、一种品位、一种格调和一种生活方式。经营者要对民宿的长期发展有规划，要清楚地知道当前区域市场业态及竞争，每一阶段怎么运作，这是品牌决胜的关键，也是品牌的魅力所在。

4.建立品牌背后的故事

一个品牌真正能够打动消费者的往往是其背后的故事。

比如，坐落于江西婺源虹关村的一家古宅民宿继志堂，是一座有着百年历史的晚清徽商老宅。民宿经营者并没有在此建立一座奢华酒店，而是充分保留了老宅原有主人的儒家思想，以"仁义礼智信"来命名房间。他们还发起了拯救即将失传的"徽墨"的倡议，把墨商老宅修复成集做墨、制笔、抄纸和刻砚的工坊。这样的民宿已经不是住宿这么简单了，它甚至主动担负起了保护非物质文化遗产的责任，如此有情怀和人文气息的民宿，想不打动消费者都难。

5.打造品牌体验感

即使投资巨大，装修材料很高档，品牌设计一流，若旅客的体验感不好，民宿的品牌也还是做不起来。因此，体验感才是民宿品牌的核心。

对于民宿的体验感，应当以故事+视觉场景，创造出富有体验和想象的空间，把某个方面的体验做到极致，提供的产品及服务令旅客满意，旅客愿意沉浸其中，享受他的度假生活和闲暇时光，并自愿转发分享他的体验感受。因此，店家说好没有用，旅客说好，并乐于为此付费才是真的好。

6.品牌的传播

互联网时代，大媒体渠道正在被小众的自媒体取代，只要你的内容够好，智能推送一定能让更多的人看到。民宿主在做好线下推广外，还要做好线上推广，通过自媒体平台，持续输出优质的内容，创造更多曝光机会，使品牌内容累积在互联网中并形成传播。

7.打造品牌价值

民宿从选址、合同、策划、规划、设计、环评、装饰、配套等营建过程中，就在创造品牌价值。而经营期间，运营模式、运营技巧、团队、工作及服务流程、成本核算等，将品牌价值最大化。经过时间的积累沉淀，经过市场及用户的考验，品牌价值的不断累积，品牌的价值才会被更多人发现。

三、品牌推广策略

目前来说，住客在选择时都会优先选择品牌住宿，毕竟品牌代表着质量与信任，而品牌推广对品牌的知名度提升有很大的帮助。那么，对于民宿来说，品牌推广策略有哪些呢？具体如图3-1所示。

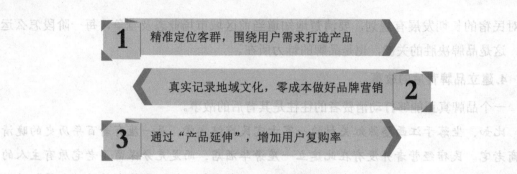

图3-1　品牌推广的策略

1.精准定位客群，围绕用户需求打造产品

思考我们的客人是谁？客人的需求是什么？从而帮助民宿主定位自己的品牌标签，设计、打造满足用户需求的产品和服务。

2.真实记录地域文化，零成本做好品牌营销

当我们有了一个满足需求的好产品后需要让大家知道它，将自己的品牌传播出去，吸引媒体的主动曝光。把当地的真实生活记录下来，使之成为人们感兴趣的故事，人们就会因为故事来追寻故事的源头。

3.通过"产品延伸"，增加用户复购率

通过分享不同的美好生活场景，组织不同的休闲、聚会、聚餐、集市、团建等活动，并提供餐饮、咖啡、酒水等服务，让客人在不同时间来都能有不一样的体验和收获。

> **小提示：**
>
> 伴随着旅游消费市场持续扩容，消费者对高品质、有特色的旅行产品需求越来越旺盛。而来自流量的、经营的压力，使得民宿的品牌化、连锁化运营开始成为产业新趋势。

第二节　自媒体平台推广

民宿是小而美的个体，属于场景范畴，其内核是社群商业。社群商业的要义便是去中介化，充分运用场景营销。因此，民宿经营者要学会使用自媒体工具，包括微信、微博等媒介，树立经营特色，找准自己的客户群，做到精准营销。效果往往事半功倍。

一、自媒体推广的要点

人们常说，自媒体建设是民宿客栈逃离OTA高额佣金"绑架"的有力途径。那么，在人人皆媒体的自媒体时代，如何运营你的民宿自媒体呢？要点如下。

1.内容创作的原则

自媒体推广内容创作需遵循图3-2所示的三个原则。

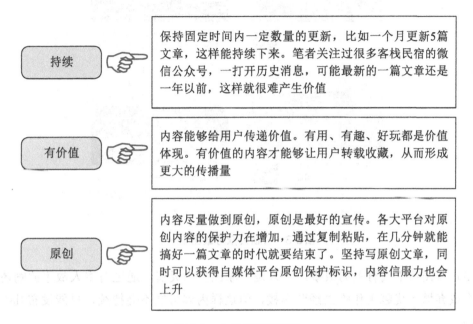

持续	保持固定时间内一定数量的更新，比如一个月更新5篇文章，这样能持续下来。笔者关注过很多客栈民宿的微信公众号，一打开历史消息，可能最新的一篇文章还是一年以前，这样就很难产生价值
有价值	内容能够给用户传递价值。有用、有趣、好玩都是价值体现。有价值的内容才能够让用户转载收藏，从而形成更大的传播量
原创	内容尽量做到原创，原创是最好的宣传。各大平台对原创内容的保护力在增加，通过复制粘贴，在几分钟就能搞好一篇文章的时代就要结束了。坚持写原创文章，同时可以获得自媒体平台原创保护标识，内容信服力也会上升

图3-2 内容创作的原则

2.内容载体的选择

常见的内容载体有以下几种：文字、图片（照片、漫画、表情包）、音频、视频、图集、投票、链接、H5页面。

相对来说，纯文字的内容显然很难让用户读完一篇完整的文章，而图集、短视频、H5页面等内容载体会让用户更感兴趣，在页面停留时间也相对较长。另外，用户对链接打开率则相对较低。因此，在内容搭配上，民宿经营者应尽可能选取用户感兴趣的内容载体。

3.内容的写作

客栈民宿做自媒体营销推广，可以从以下几个方面入手。

（1）与旅游相关的内容。因为民宿基本都位于热门旅游目的地或者文化气息浓郁的乡村，其目标客户就是准备旅游或者有旅游计划的人群。因此，内容可以围绕旅游攻略来写，包括交通、气候、吃喝玩乐，这种内容最容易被读者收藏。或者介绍盘点当地的美食、美景、民俗风情等，这样的内容也比较容易形成持续性（见图3-3）。

（2）和住宿有关的内容。比如盘点厦门最美的十家客栈，丽江最适合情侣入住的五家美宿，把自家的店嵌入进去。

图3-3　民宿公众号截图（一）

（3）与民宿主人有关的故事。主人是一家民宿的灵魂，通过对主人故事的阐述，如为什么放弃城市优越工作跑去经营客栈，但这样内容可能不会持续，只能发布几次（见图3-4）。

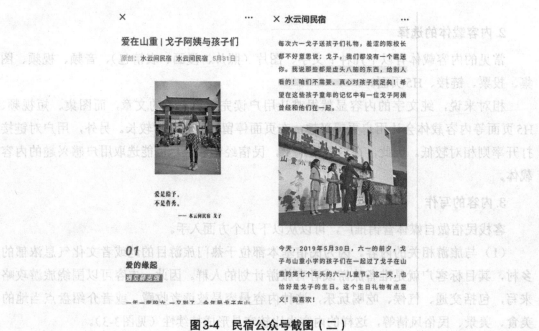

图3-4　民宿公众号截图（二）

（4）在民宿里发生的故事。民宿经营者可搜集整理发生在民宿里好玩有趣的事情作为内容。

（5）受用户关注的内容。民宿经营者可利用百度指数分析用户关注内容指数，将地区需求图谱里的要素作为内容。

比如，以丽江为例，图谱里面搜索趋势上升的要素是"丽江天气""丽江自由游攻略""大理""香格里拉"。民宿经营者据此可以选择其中要素作为内容，如大理、丽江旅游攻略等。

对于民宿经营者来说，平时应多积累素材，包括文字及图片，这些素材可以是自己加工的，也可以从网上搜集整理。

 相关链接 ❮···

民宿公众号的文案创作

民宿公众号在内容创作方面可以从以下几个方面着手。

1.民宿日常

目前，民宿公众号中发布内容最常见的，是一些跟民宿相关的消息，比如房源预订、风格转改、员工招聘等，当然作为通知的途径，也不失为一种快速有效的扩散方式。

针对民宿的各类调整，民宿经营者可以提前在公众号发布一些相关的信息，让关注的人了解到民宿的变化，随时更新进度和图片，让读者有真切的感受。一些可调节的部分，给读者一个投票和交流的平台，让读者投票交流选择，增加互动感和参与度，从而提升公众号整体活跃度。

2.住客故事

"每一个旅途中人，都有自己精彩纷呈的人生"。每一位来入住的房客，都或多或少有着自己的故事，而文案灵感的来源，也是大家不同人生的碰撞。

民宿经营者可以主动和住客多多沟通，了解他们的旅行故事，或者一些生活中的感悟，可以给民宿增设一些类似夜谈会之类的活动，民宿经营者和住客围坐在一起交谈游戏，趣味性也一定很足。大家可以互相聊天沟通，谈论一些感兴趣的话题，民宿经营者可以在这些交谈的只言片语中获取灵感完成房客故事的文案；也可以搞一个房客文案的征集，让住客自己写出故事，可以是和民宿、旅行有关的，入选的文章可以在公众号上发表，并给参与以及文章入选房客不同的回报，可以是房券或伴手礼等。

3.紧跟热点

当今社会，网络信息发达，可能某次社会事件或者热播电视的一句台词，就很容易引发热点讨论，而紧跟民众视线热点进行文章的编写发布，不仅能更容易引发大家的共鸣，也给民宿经营者带来了丰富的文案素材。

比如，被大家热议的"××民宿摄像头"事件，就曾引起了公众极大的热议和重视，参与讨论的人非常多，在这样的情况下，民宿的公众号完全可以出一篇关于民宿安全方面的文章，可以从民宿经营者的角度撰写民宿目前所拥有的保护设施，以及一些关于房客隐私的绝对保护；另外可以在文章中给房客一些自我保护的建议，既能够表明自家民宿的安全性，也给房客一些真实有用的内容，增加文章的价值。

4.经营琐事

关于民宿公众号的文案，还有一类比较受人欢迎的就是民宿经营日常的一些琐事，可以是遇见的一些暖心小事，也可以是絮絮叨叨的小故事。

民宿区别于酒店的最大原因，就是它有足够的"人气儿"，民宿的灵魂就是民宿主人，所以在公众号中时不时分享一些经营中遇见的喜怒哀乐，可以达到引起共鸣的目的，也可以表明一些民宿针对某些事情的态度，让住客通过文字更加详细地了解民宿经营者的内心世界以及民宿的主人文化，达成更好的宣传效果。

总之，文案的来源可以是生活中的方方面面，人们爱看的内容也是各不相同的，作为民宿经营者，用心编撰，带有感情色彩的文案一定能让人满意。

4.内容排版

一篇好的文章不仅包括好的内容，更应有一个好的版式。文章的排版属于对内容的二次加工，能给用户呈现出一个更好的阅读效果。在排版时候注意文章的段落、字体、文字颜色、行距、底色等。

（1）切忌文章内容纯文字无图片，文字和图片要搭配使用。

（2）标题字数尽量控制在16字以内，超过这个字数，一方面会遮挡封面图片，另一方面需要换行，让读者第一眼看不完整标题。

（3）可使用"|、【】"符号，凸显标题关键字。

（4）封面图的像素尺寸调整为900×500。

（5）文章正文字号以14～18为宜，以16号字最合适。

（6）文章首行无需缩进。如果段落较长，则段落之间空一行，或者插入图片。

（7）可以利用字号、颜色等凸显某些关键字。

（8）文章不宜太长，控制在两千字左右。

（9）选取的样式风格、颜色尽量统一，不要给人造成眼花缭乱的感觉，影响阅读体验。根据文章内容选取风格较为接近的样式。

小提示：

写好后的内容一定先进行预览，看阅读体验如何，是否有错别字等，之后再发布。

5.内容传播

（1）内容分享。民宿经营者可把内容分享转载到朋友圈、微信群、QQ空间、微博、豆瓣、贴吧、百度文库、知乎等其他平台，进行二次曝光。转载时最好能够用几句话概括出内容的亮点，引导感兴趣的用户去阅读，这样点击率会更高一些。

（2）投稿其他平台发布。局限于平台用户数量有限，民宿经营者可以把好的内容投稿到其他较大的平台，如垂直的旅游、酒店、地方自媒体。只要内容质量足够好，完全可以在这些平台产生很大的曝光度。

6.发布时间

内容发布时间尽量选取用户使用平台高峰期时段。以微信为例，微信用户每天高峰期时为中午和晚上十点左右。可以选择在这两个时间段发布，同时，尽量选择周末时间段发布，如周六晚上。

二、自媒体推广渠道的选择

自媒体的平台渠道选择，也决定了民宿运营的好坏和流量的多少，民宿经营者需要懂得多种平台推广方式，比如朋友圈、微信公众号、小程序、抖音、快手等。

1.选择自媒体平台

对于民宿经营者来说，如果想要利用自媒体宣传，而本身对自媒体运营又比较感兴趣，甚至有一定的经验，就可以考虑自己做一个官方号。内容形式是图文的还是视频形式的，那就要根据创作的难易程度、花费的成本来考量。甚至有些体量非常大的民宿甚至会请专业的运营人员去做自媒体账号。

现今形形色色的自媒体渠道数不胜数，如微信公众号、头条号、百家号等综合自媒体平台，还有抖音、快手等小视频平台。具体如图3-5所示。

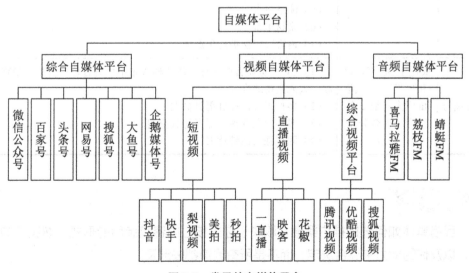

图3-5 常见的自媒体平台

每个平台的选择，内容要有差异化。

比如，微信公众号与小程序适合传达介绍与消费者黏性运营；抖音适合创意和活动视频。

这些渠道都是可以去做的，但不能一把抓，还需要有针对性地选择。最基础的就是你需要了解这些渠道的活跃用户跟自己的目标客群是不是贴近。

比如，头条号、百家号等自媒体的活跃用户年龄偏大一点，而抖音、微视等自媒体的活跃用户就偏年轻化，因此你需要有选择地去打造渠道，从而提高推广效果以及提升转化率。

表3-1所示的是几个常见自媒体平台的对比。

表 3-1　常见自媒体平台对比

平台名称	简介	优势特点
头条号	综合类内容分发平台，流量巨大	（1）高速成长的新兴创作平台，在应用宝上，今日头条下载量已经达到3.4亿人次 （2）科学和精准的推荐引擎。创作的内容在几秒内就可以抵达目标读者的手机上 （3）平台收益多样化。既有多样头条号的补贴计划，又有各种广告分成、赞赏收入 （4）头条号的两个重要推荐机制：全网首发、原创标签
微信公众平台	依托微信，海量用户	（1）服务号——主要偏重服务交互，认证前后都是每个月可群发4条消息。如果想进行商品销售，进行商品售卖，建议可申请服务号 （2）订阅号——主要偏重向用户传达资讯（类似报纸杂志），认证前后都是每天只可以群发一条消息。如果想简单的发送消息，达到宣传效果，建议可选择订阅号 （3）场景丰富，服务号订阅号可以构建自定义菜单 （4）与用户互动关系强 （5）流量巨大 （6）素材丰富 （7）内容版权保护逐步加强
UC订阅号	依托于UC浏览器和阿里平台，流量巨大，是一个综合类内容分发平台	（1）UC浏览器目前在移动浏览器App中位列首位，占据大量市场份额，大流量精准推荐 （2）多种工具，社群更具黏性 （3）多种商业变现，更多想象空间 （4）阿里强大品牌背书

🔹 **小提示：**

民宿具体如何选择推广渠道，取决于你的核心内容包装后的形式、你民宿的定位，以及你的能力来综合决定，而不是所有渠道都去涉及。

2.与外部自媒体合作

民宿经营者如果觉得自己做自媒体花费的成本较高,那么可以借助自媒体博主通过与其合作来进行推广。

通过实践发现适合民宿的方式就是资源置换。民宿提供免费食宿和场地,博主负责内容宣传,这种方式很适合小红书博主。粉丝量在10万以下的小红书博主基本是愿意合作的,至于博主的联系方式,一般在小红书主页都会有。

而对于抖音等短视频平台,则不太适合这种方式,因为短视频的精准度相对较低,除非你找到民宿垂直类的内容创作者,但一般有一定粉丝量的博主都是收费的,转化率也很难说。可以找一些粉丝量相对较少的博主(15万以下),然后你拍摄视频提供给他,请他帮你发。

三、个人微信号营销技巧

如果一家民宿和客栈的生意来源不靠OTA平台的支持,单靠自己和员工的个人微信号,每天都有微信的朋友们远道而来住自己的客栈,那该是多么美好啊!而要想做到这点,也不难,民宿经营者可以参考图3-6所示的技巧来实现。

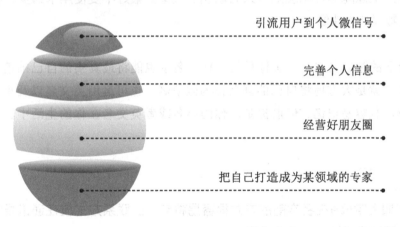

引流用户到个人微信号

完善个人信息

经营好朋友圈

把自己打造成为某领域的专家

图3-6 个人微信号营销技巧

1.引流用户到个人微信号

有了粉丝之后,一般就有了客人,因为他们在关注的同时对你也产生了兴趣,等他们想到你所在的城市旅游时就会首先想起你,他们想来看你的生活,享受你每天体验的场景。

(1)用微博进行引流。作为用户来说,民宿和客栈住宿都是旅游业的衍生品,大家都喜欢美好的事物。

比如,大理下雨后经常会出现彩虹,你可以拍张精美的照片发布到微博上,这样很多人看到后会转发分享。

总之，要多分享充满正能量的、美好的东西给周边的人。还要经常关注热点，借势进行营销。

（2）利用自媒体平台引流。民宿经营者可以申请一个当地的类似美食向导或者旅游向导类的账号，经常在这些自媒体平台进行创作更新，与粉丝互动。

小提示：

民宿经营者要在微博标签和媒体账号上都留本人的个人微信号，才能把这些粉丝导入到微信。

2.完善个人信息

（1）选择正确的头像。微信营销的目的就是希望先"卖人设"后"卖服务"，所以民宿经营者可以将真实的自己展现给对方。

小提示：

真实的头像能够在添加陌生人时增加通过率。最好不要使用卡通类、美颜后的自拍、宠物类作为头像。

（2）合适的微信名字。与头像目的一样，名字也能将最真实的自己推销给对方，所以理想的方式就是大方地将自己的真名设为微信名。也可运用英文名以及小名，这样会更有亲切感，且容易记忆。但前提是，你的小名或者英文名在你的生活中、工作中是广为人知的。

小提示：

虽然加上字母a在名字前的方式很容易将自己的联系方式放在通讯录靠前的位置。但是这种方式较易被客户屏蔽。

（3）用你的签名来为你做广告。个性签名在微信的各类设置中相对来说是比较不起眼的，但是对于营销型的微信来说还是希望借由这里的文字给自己做广告，同时将自己的联系方式、简介公之于众。

个性签名可以简单介绍自己，或者写一个微信订房享受折扣优惠的信息。在平时维护中可以定期更新，将店里最近活动以及优惠信息进行发布。

3.经营好朋友圈

做好营销型的个人微信号，经营好朋友圈至关重要。

（1）朋友圈相册图片。这是一个免费的大屏幕，民宿经营者完全可以放自己拍的最美的图片，最好是远景图看起来立体感强，主要是便于使用户产生信任。

（2）朋友圈内容。个人微信号每天发3～5条朋友圈即可。

比如，第一条可以发美图，高清最好。美图可以是当地的天气情况、自己的客栈房间，或者自己的院子等，然后配上一句比较文艺的语言，让你的粉丝刷朋友圈的时候在你那多停留一点时间。第二条可以发小视频，因为视频和图文所传达的场景是不同的两个概念，如在黄昏的时候一个穿着当地民族服饰的女孩在院子里晒太阳，闻着花香，喝着茶，这个场景完全可以用小视频表达出来。当你发朋友圈之后，对于朝九晚五的上班族来说，看到之后就希望快点到假期，也去那个院子品茶，慵懒地晒着太阳。第三条可以发发美食，宠物照之类的。

4.把自己打造成为某领域的专家

一般来说，民宿经营者大多都有自己的兴趣爱好，比如滑雪、爬山、瑜伽、唱歌等。在进行自我宣传的时候，多发与自己兴趣爱好相关的充满正能量的内容会吸引志趣相投者，这样他们会把你当作志同道合的朋友来看待，那他们去你所在的地方就会想找你交流、沟通。

总之，通过自媒体营销，我们从各种平台上吸引来的粉丝，通过微信沉淀为我们的朋友，这将是黏性最好、忠诚度最高的客人。如果你的民宿有活动，他们会非常开心的帮你分享，周边有朋友要去你所在的城市旅游，他们也会积极的帮忙推荐。

> **小提示：**
>
> 真正的好民宿，有时并不在于环境多么优美、设计多么完美、用品多么高端，而在于民宿经营者是不是具有社交属性，给人一种大家是"同频道"的吸引力，让人觉得很容易交流、喜欢交朋友。

第三节 线上平台推广

民宿本身是产品也不是产品。民宿推广怎么做？需要通过营销渠道将民宿产品推销出去，进而让消费群体参与进来。民宿必须让更多的人知道，并前来体验入住，才能盈利。

一、线上平台类型

目前来说，线上销售平台主要分为OTA渠道和短租渠道平台。

1.OTA渠道

OTA即为Online Travel Agency的缩写，中文翻译为"线上旅行社，又名第三方售卖网站"。那么第一方和第二方又是谁呢？即住宿和住客。OTA既是连接住宿与住客的平台桥梁，也是住宿本身的一种宣传渠道。

（1）主要的OTA。目前，国内的OTA主要有携程系（携程、去哪儿、同程艺龙等）、美团点评系（美团、大众点评）以及阿里系（飞猪），还有一些其他的平台，比如途牛、驴妈妈、马蜂窝等。国外的OTA主要有Booking.com（缤客）、Agoda（安可达）、Expedia、Airbnb、Priceline等，具体如图3-7所示。

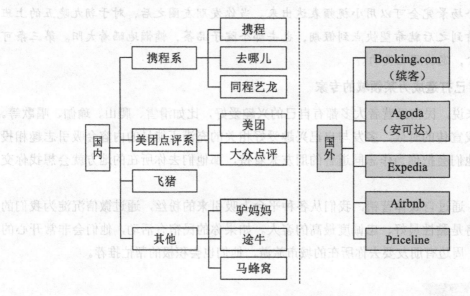

图3-7 主要的OTA渠道

（2）OTA的盈利模式。OTA大多以佣金模式盈利，不同的OTA在佣金的比例方面有所不同。佣金的定义就是OTA每帮你售卖出一个间夜，就会按照一定的比例抽取这个间夜的佣金。由此可以看出，OTA给你售卖的间夜越多你给OTA的佣金也就越多，从而你的运营成本也越多，所以我们要尽可能地控制OTA的售卖间夜量从而实现运营成本的控制。

（3）OTA的费用支付方式。基本上所有OTA对于客人的支付方式分为两种：预付和现付。这两种付款方式主要决定于价格的区别、客人预订的习惯，以及不同促销方式的呈现。

预付的定义是在客人预订酒店之后，实际入住之前就已经将费用支付给OTA，此种支付方式一般情况呈现的价格都会比现付低，并且取消订单的概率也会比现付低（特别是有的酒店预付是不可取消的）。

现付的定义是客人在预订房间时并不需要支付房费，或者只是通过信用卡担保，在实际到店办理入住的时候才会支付酒店费用。

对于刚刚开业的民宿来说，在你没有任何稳定的自身预订、宣传渠道或自媒体的时候，注册OTA将会让更多的潜在住客在短时间内看到并选择你。毕竟对于成熟、大牌的OTA，他们所拥有的潜在客户远远要大于你自身渠道的，而且你还可以利用OTA在开业初期通过一些高质量的网评来建立你品牌的口碑。

2.短租渠道平台

按照百度百科的解释，"短租是伴随协同消费模式的兴起而出现的一种新兴的房屋租赁形式。主要房源集中在旅游热点地区，无法找到长期固定的租客，短期租客需求旺盛的情况下发展起来的新兴业务。"

目前，主要的短租渠道主要有Airbnb、小猪短租、榛果民宿、途家等。各平台的介绍如表3-2所示。

表 3-2 主要短租平台介绍

对比项	Airbnb	小猪短租	榛果民宿	途家
Airbnb	中文名爱彼迎，目前是全球第一大的民宿预订平台，拥有很好的国外用户基础，在大陆发展迅猛，吸引了大量的忠实用户，2018年开始组织各地的房东线下交流	2012年正式上线的短租预订平台，模式与Airbnb类似，因为前期广告比较多，拥有较多国内用户。在2017年年底获得新一批融资，是国内最早一批的民宿平台	美团旗下在2017年开始投放市场的短租预订平台，除了自身App以外，拥有较多美团开放的流量入口，目前用户扩张非常快，各个版块也都在不断地完善优化	国内的老牌短租预定平台，收购了携程公寓渠道、去哪、蚂蚁、大鱼等，分销能力强大，耕耘城市多年，知名度较高，在公寓方面有很强的渠道优势以及客户基数
特点	全球用户基数大，知名度高、算法推荐很好	专注于民宿，有较多的房东服务业务，知名度大，用户黏性大	有美团基础，活动促销力度非常大，营销创新能力也非常强。年轻用户以及非民宿用户数量增长惊人	流量入口较大，国内受众多，品牌知名度大
认证标签	闪订、超赞房东、家庭出游、商旅差游	优品、速订、实拍、验真、免押金、先住后付、商旅认证、长租优惠、智能门锁	立即确认、连住优惠、今夜特价	优选、验真、实拍、免押金、连住优惠、智能门锁
收费方式	为底价模式（后台录入价格），清洁费单独列示，佣金总费用为（底价+清洁费）的3%	为卖价模式，清洁费不单独展示，佣金为10%	为卖价模式，清洁费不单独展示，以前是双向收费，目前已经调整为单向，向房东收取10%	为卖价模式，清洁费不单独展示，佣金在10%～15%之间
排名规则	根据不同用户的浏览习惯，数据做出推荐，每一套房源没有固定的排名，新上的房源会有前期的推荐，排名相对较靠前。在这个阶段一定要做好房源的详情描述以及图片工作。符合超赞房东要求，以及商旅标签的会提高排名	有相对应的标签，尽可能地根据标签要求完善自己的房源。排名也和客户的分数评价、咨询回复时间，以及接单情况相关联	有非常多的美团用户客户基数，活动较多，具体活动要经常联系自己的业务经理。做出了很多民宿板块，精选、活动折扣等来提升排名。一定要把房源的闪订功能打开，流量会提高不少	参加途家促销，一定要达到优选房源，使用途家的门锁以及保洁会增加排名，其次还是订单量，咨询的回复率，接单率等对于日常运营的情况，途家也是考核比较严的一个平台，每一个板块都有可能会影响到排名

二、线上平台的选择

找准适合自己民宿定位的平台上架是第一步，切忌多而滥。民宿经营者应根据民宿的特点与平台的契合程度，以此来选适合自己民宿上线的预订平台。

由于OTA渠道主要解决多库存售卖问题，以门店品牌形式推广售卖，更关注品牌价值。而短租平台主要解决单房源售卖问题，以房东与房源特色形式推广售卖，更关注房东特色。

以一家拥有十几间房的客栈为例，靠短租平台去一间一间售卖是不现实的，房源信息维护上就会有麻烦，而且短租平台动辄咨询沟通时长在半小时以上，会大量占用民宿经营者的时间。同样的只有一间房源的民宿，上线OTA也是很难达到很好的售卖的，OTA本身的排名机制决定了他们会推多库存的民宿门店（平台佣金拿得更多），而不是推单个房源。

因此，在选择时，房源分散型城市民宿，更适合上线短租平台。多库存类型乡村民宿，更适合上线OTA渠道。

小提示：

更适合不代表只能上线短租平台或者OTA渠道，而是要确定自家民宿需要以哪类平台为主营销渠道，另外的渠道只能作为补充。

 **相关链接**

OTA渠道与短租平台的区别

1. 平台的区别

OTA是在线旅游平台或者叫作在线旅游代理平台，旅游消费者通过网络向旅游服务提供商预订旅游产品或服务，并通过网上支付或者线下付费，即各旅游主体可以通过网络进行产品营销或产品销售的地方。

短租平台为房东及房客提供线上交易预订服务，通过独立运营的线下团队或与中介代理合作，将线下房源进行搜集整理。并为消费者提供房屋搜索及交易担保服务，平台通过房租佣金或广告费模式盈利。

2. 房源呈现区别

OTA渠道多以品牌门店的形式呈现，且以多库存（支持同房型几间房同时售卖）方式售卖，且不支持咨询对话窗口。

免费取消 途家优选 智能门锁　　57人收藏	免费取消 验真 智能门锁　　18194人收藏	免费取消 途家优选 智能门锁　　7648人收藏
古城内免费停车北门新装轻奢舒适大床房	丽江古城·2晚接站2晚接机·空调度假大床	古城三晚接机·特价随机房型·网红打卡一间
5.0分 / 262条点评·1室2人1床·大研古镇	5.0分 / 3665条点评·1室2人1床·大研古镇	5.0分 / 2256条点评·1室2人1床·大研古镇
¥193 ¥198 20周年庆 连住优惠	¥135 ¥139 20周年庆 连住优惠 今日甩卖	¥241 ¥248 20周年庆 连住优惠 今日甩卖

携程房源展示截图

短租平台多以单房源形式售卖，除途家支持门店搜索和多库存外，大都以单库存（只有一间库存）的形式售卖，支持咨询对话窗口。

整套公寓·2室1卫2床
苏州火车站近山塘街平江路苏州园林盘门三景，上下复式豪华二居。

5.0分·10条评论　超赞房东　近地铁站

"因为是第一次住这样的房子，所以比较麻烦，很多事…"

¥268
每晚
满7天立减7%

整间LOFT·2室1卫3床
精装LOFT公寓温馨家庭房高性价比

5.0分·3条评论　超赞房东　自助入住　可以做饭

¥378
每晚
满7天立减10%

Airbnb房源展示截图

三、上架平台的细节优化

在线上平台做推广时，应注意图3-8所示的几个细节优化。

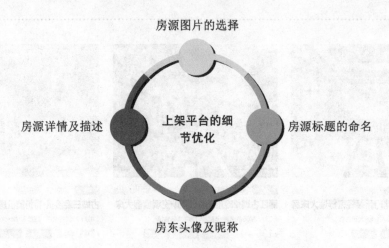

图3-8　上架平台的细节优化

1.房源图片的选择

各大平台上运营比较好的部分民宿，他们的房源首图在设置上一般会遵循以下几个原则。

（1）整体空间而非细节局部。一般平台上卖得较好的房源都是以房间整体的一张图设置为主图，而非房间细节和局部，特别突出的亮点可以作为二图展示。所以我们应该尽量挑选房间的整体图，并且进行精修后再作为首图（见图3-9）。

图3-9　民宿房源图片截图

（2）优先选择最有特色的一张。有很多民宿经营者的房源是非常不错的，但是在首图设置的时候，过于随意，偏偏让没有特色的一张作为主图，这就有些不妥了。

用户在搜索房源的时候，在一张图片上的停留时间是非常短暂的，如果你的房源不能在1秒之内抓住他们的眼球，那么客户很有可能就白白流失了。

（3）高清大图。大家在平台上架时都会注意图片清晰度，所以客户在一堆的高清大图里面，要一眼看中你的房源，本身就不易，但如果你的图片特别不清晰，给人第一印象不好，那就没有被选择的可能了。

2.房源标题的命名

在取标题的时候，很多民宿经营者喜欢用一些非常生僻的字或者自认为很有风格的名字来彰显自己的独具一格，但是事实上，用户真正搜索的往往是：×××落地窗、××俯瞰夜景、×××房、5分钟直达×××景点等。

在列表浏览房源的时候，客户能够看到的主要信息是房源的封面、民宿标题、房东头像和房间价格几个元素。因此，民宿标题一定要传达明确的信息，并且设置关键字能够让用户很轻松地搜索到。

我们可以采用下面的命名公式：

品牌名＋近地标1＋地标2＋民宿特色（关键设施）＋地标3距离＋地标4距离＋房间类型（地标数量可适当删减）

为什么要这么取标题呢？这是由于很多用户在搜索时，习惯性的操作是搜索某个地标或者景点，或者自己想住的房间类型、房间设施，如落地窗、泳池、浴缸等，当你的房源带这个关键词的时候，搜索概率就较高（见图3-10）。

春熙路/熊猫基地/双地铁/简约北欧大床房

4.8分 / 379条点评 · 1室2人1床 · 成都火车北站、城北客运□

¥118 连住优惠 今日甩卖

近西湖/西溪/浙大loft公寓复式三居房

4.9分 / 85条点评 · 1室1厅6人3床 · 文教区/浙大紫金港校区

¥233 ¥258 连住优惠 今日甩卖

图3-10 房源搜索标题截图

3.房东头像及昵称

一个亲切的房东昵称和头像，是可以给房源加分的。真实的房东头像和昵称的房源更能带给客户信任感，所以一定要把平台的实名认证完善起来，认真考究一下头像和昵称，千万不要在上传房源的时候偷懒。

4.房源详情及描述

详情页的转化率是考量民宿销量的重要标识。我们可以用下面这个公式来计算详情页的转化率：

$$CVR（转化率）＝订单量／房源详情浏览量×100\%$$

转化率数据越高，说明在相同的客源流量之下，客户下单次数越多。

从客户的角度来说，转化率可能会跟民宿房源图片、房间标题、房主头像、用户评论、详情描述、房间价格以及退订政策等有关系。那么在上架的详情页中，我们可以对哪些内容进行优化呢？具体如下。

（1）房源描述。很多房东在做房源描述的时候，并没有意识到这个描述有多重要，从而草草了事。一个好的描述，可能会将某个平台的订单量提升30%以上。

在进行房源详情描述的时候，要注重将民宿背后的故事，地理位置优势和房屋的细节等方面展现出来，这样描述能让用户觉得是用心的细致的，进而促使客户下单（见图3-11）。

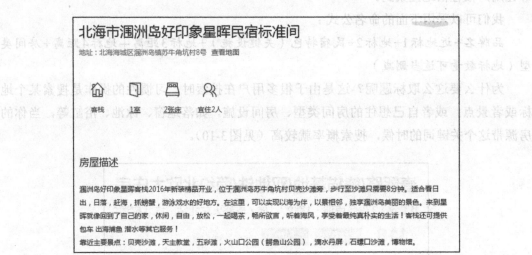

图3-11　房屋描述截图

（2）价格和退订政策。在价格方面，有的民宿经营者一开始会给自己的民宿设置一个比较高的价格，结果可能好几天都订不出去。

在房源刚开始上线的时候，因为本身房源积累的数据不够，各种信任背书不足，平台排名也不高，应该先把价格设置的低一些，退订政策也尽量宽松一些，采用薄利多销的方式先积累数据。

当房源数据积累得不错、房源也有了一定的权重和较好的排名之后，再将价格调整到合适区间，然后通过后续的维护去将一套房源的数据做到稳定，同时避免违规，就能够长期保持一个不错的状态。

四、影响OTA排名的因素

一家民宿在OTA平台上的排序有两种：一种是自然搜索排序，即搜索某一地区，平台推荐出来的酒店；另外一种属于条件搜索排序，即用户通过设置某些条件、关键词搜索出来的排序，比如通过价格、好评、距离远近，有无早餐等条件进行筛选。

民宿在OTA平台的排名尤为重要，大部分的OTA平台每一页会显示20～30家民宿，住客在使用的时候一般翻到第三页或者第四页左右就不会再往下继续查看了，因为基本上查看超过80～100家住宿之后就真的很疲劳了。

每个平台都有自己的一套排序算法，影响自然排序的因素主要如图3-12所示。

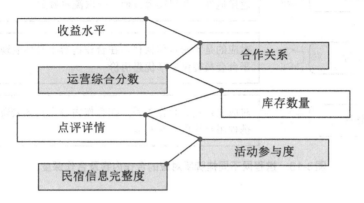

图3-12　影响OTA排名的因素

1.收益水平

这个收益包含以下两个方面。

（1）民宿的收益，即民宿在一段时间内的产出。通常情况下，民宿收益公式如下：

$$酒店收益＝订单总量×客单价－订单取消量$$

从上面的公式看，影响民宿收益的主要因素是订单量、房型价格、订单取消量。其中影响订单量的一个重要因素就是房量库存（可以预订售卖房间的数量）。跟体量小价格低的店比起来，体量大价格高的店，无疑在排名方面占据着很大优势。

（2）平台的收益，即平台通过民宿方获取的收益。通常情况下，平台收益公式如下：

$$平台收益＝订单总量×佣金值＋广告营销、付费工具费用$$

在佣金值不变情况下（各平台默认8%～15%），民宿收益越多，能够贡献给平台的收益就越多；佣金值变动的情况下，佣金越高，平台收益越多，自然能够让民宿方排名靠前。

> **小提示：**
>
> 　　在收益这块，民宿贡献给平台的收益越多，就意味着其利润减少，尤其通过提升佣金值换取排名的店。在运营的时候，一定要平衡好二者关系。

2.合作关系

一家民宿和平台合作关系越紧密，越有利于排名提升。一般情况下，合作关系包括独家合作、战略投资、品牌合作等这几种形式。

（1）独家合作。如携程网的特牌、金牌、银牌合作，每种牌子类型对应的合作内容以及合作深度不同，如图3-13所示。

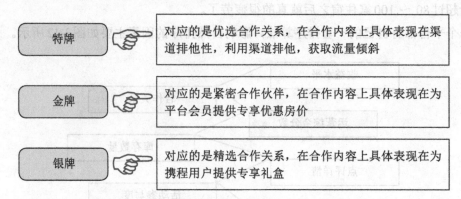

图3-13　携程网不同挂牌所对应的合作内容及合作深度

💠 **小提示：**

关于携程特牌、金牌、银牌的排名权重，特牌排名权重要高于金牌、银牌。排在特牌后面的金牌、银牌店，二者可以出现打乱排名的情况。如果银牌店一段时间内的收益要高于金牌的店，那么排名会反超，排在金牌前面。

而去哪儿网挂牌特牌、金牌、银牌，店家排名不会因为挂牌而排名优先，会出现互相打乱的情况。如图3-14所示。

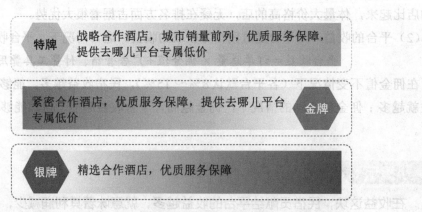

图3-14　去哪儿网不同挂牌所对应的合作内容及合作深度

（2）战略投资。战略合作是平台直接投资某一个民宿、客栈连锁品牌，二者形成一个紧密的合作关系。如客栈连锁品牌，久栖、花筑，会在预订平台中得到一定的流量倾斜。

如图3-15所示的是花筑民宿在去哪儿网的排名显示。

图3-15　民宿推广截图

（3）品牌合作。品牌指店家参与平台推出的品牌，比如去哪儿网的Q+品牌。

去哪儿网Q+是去哪儿网力推的互联网+酒店品牌，利用去哪儿网的品牌优势带动酒店品牌知名度、服务质量等，最终达到有效提升酒店收益的目的。

3.运营综合分数

运营分数是平台在一段时间内，利用不同的测评维度，对店家进行的综合测评。测评分数对应着相关的权益。

相关权益一般分为图3-16所示的几种。

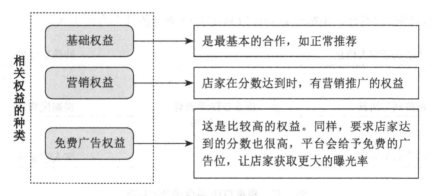

图3-16　相关权益的种类

4.库存数量

库存表示民宿可以正常售卖房间的数量。未来一段时间内，库存数量越多，越有利于排名靠前。如某天满房零库存，排名自然在商圈就跌落置底。另外签约保留房数量越多，越有利于排名。

5.点评详情

点评主要包括点评数量、点评分数以及点评质量三个部分。点评数量越多、分数越高、优质点评越多，越有利于排名的上升。

6.活动参与度

活动参与度是店家积极参与平台推出各种活动的活跃度。活动参与度越高，越有利于排名提升。各OTA平台会不定期推出各种促销营销活动，店家要根据自己的情况积极选择参与。

以携程网为例，携程常见的活动有直通车、闪住闪结、钻石展位、定向优惠券、在线选房项目，以及各类营销促销活动。

7.民宿信息完整度

民宿信息完整度也是影响排名的一个因素。内容信息越完整，越有利于排名上升。内容信息包括房型信息、基本信息（名字信息、区域位置信息、地址信息、简介信息、所属品牌信息、星级信息、开业信息、客房数量信息）、设施信息、图片信息（外观房型信息、营业执照等信息）。

五、提高线上平台排名的技巧

对民宿而言，线上平台的排名、评分、点评等因素对民宿有着重大的影响。住客也会因为一条好评入住一家民宿，也会因为一条差评放弃这家民宿。携程数据显示，携程点评分与转化率相关系数高达95%，也就意味着点评分越高，进入民宿页面的下单率越高。

要想点评分做得好，民宿经营者可以从图3-17所示的几个方面去入手。

图3-17　提高OTA平台评分的技巧

1.详细记录客人信息

这是至关重要的一步，也是提升好评极其重要的一步，详细记录客人手机号码、入住房间、有无特殊喜好等，有了这些信息，民宿经营者就掌握了请客人好评的主动权。

比如："刘先生/女士，您好，欢迎入住×××民宿，为了更好更方便地给您服务，我们需要预留一下您的手机号码。"

"沈先生/女士，您好，欢迎入住×××民宿，我们店正在进行有奖免住活动，需要预留一下您的手机号码，您被抽中的话，今晚可免费入住（注：活动必须真实）。"

通过诸如此类的方式，记录下客人的姓名、手机号码、入住房间等。

2.完善到店情景

（1）办理入住。对于客人来说，若到店先要休息，前台需要快速办理客人入住，最好提供免押金，以免客人办理入住、退房时间过长，引起情绪不适，导致差评。民宿经营者可提前准备水果、小食品等，最好能有手写的欢迎卡片，手写字体可增加客人的好感度。

比如："王先生（必须带姓）您好！欢迎下榻本店，我是您今晚的私人管家，您有什么需求可直接拨打服务电话，我们24小时为您服务。祝您晚安，做个好梦！"

同时，在此送上一份民宿周围的详细景点路线图或商场购物地图等来提升民宿的好感度。

（2）行李搬运。一般来住宿客人都会带有行李等，行李生或服务员应主动接过客人行李，送至房间，在此期间必须礼貌、恭敬，凡是客人提出的问题能够主动回答。

（3）房间安排。对于OTA平台上引流来的客人，在入住的时候不安排有缺陷的房间。一般给客人排房时，以OTA会员客人＞OTA客人＞门店会员＞散客为顺序；对于客人反馈的问题，一定要第一时间妥善处理，同时对提出问题的客人进行标注、跟进，事后需要通过电话、微信等方式表达关怀等。

（4）客人离店。客人离店时，需要主动询问客人的入住体验，如客人反馈民宿体验不好，可通过询问帮客人解决困惑，需要给出合理解释方案，主动道歉等；客人情绪过低时，需要安抚，客人气消了，给予差评的记录也就少了；如客人的入住体验不错，届时可以提出让客人给予好评。

比如："王先生您好！如果您的入住体验非常不错，能否把您的入住体验分享给更多的客户，帮我们在网上做一个五星好评，同时也是对我同事辛勤服务的一个奖励。非常感谢！"

另外，民宿经营者可提前为客人准备当地特产、纪念品等，可在这些小物品上印上本店的二维码等（小礼物可提醒客人给予好评也可以增加二次营销机会）。

3. 离店后的回访

客人离店后，可以根据预留的电话号码主动询问客人的入住体验，当客人感受良好，对产品、服务都十分满意时，民宿可以向客人征求好评。对于客人体验感不好，则可以向客人表达歉意。

4. 特殊事件处理

客人入住民宿时偶尔会有不舒服、物品损坏等偶然事件，这就需要民宿经营者提前做好特殊事件的预案。

比如，需要备一些感冒药，当客人偶有感冒时可用，客人病情比较严重时，需要陪同客人去附近医院治疗，同时打电话给客人的家属，以防突发事件发生；对于酒店物品损坏之类的，可免去客人赔偿，要知道，一个差评带来的损失可能远远大于客人赔付的钱。

总之，预案准备越详细越好，更加有利于客人的入住体验。

5.提高民宿评分

评分对于民宿的意义如图3-18所示。

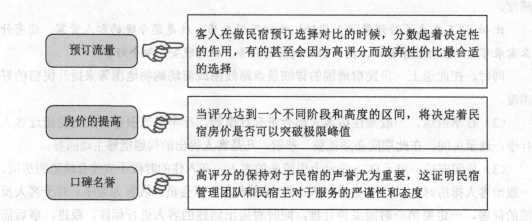

图3-18　评分对于民宿的意义

OTA平台对于住宿的评分是根据广大住客分别给予评分的平均值算出来的，当然不同的OTA的评分细节也不同，如携程网、途家网等的评分细节就不相同，如图3-19、图3-20所示。

图3-19　携程网评分细节截图

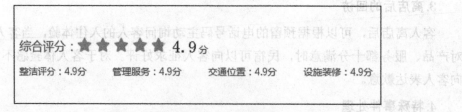

图3-20　途家网评分细节截图

民宿经营者应利用评分细节提高民宿评分，并根据细节分高于或低于总评分来进行各项细节的整改。

6.客人评论管理

对于好评进行评价引导，对于差评恰当回复或个性化回复。点评回复也是民宿的二次营销，可推荐给客人其他房型、民宿的特色等。点评回复不是单单出于礼貌，更是民宿对于差评的解释、好评的推销，是给没有入住本店的客人一个介绍。

民宿经营者需掌握如图3-21所示的维护评论的技巧。

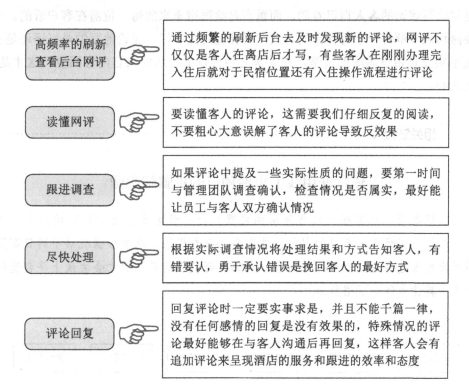

图3-21 维护评论的技巧

民宿经营者应尽可能做到民宿内的细节部分的完善，比如硬件设施、软件服务等，再有就是团队或员工尽可能跟进了解每一位客人的入住感受，多与客人沟通，倾听他们的想法、需求、抱怨、赞扬，并且站在客人的角度加以改正或端正态度，给客人留下良好的第一印象和离店印象。这些基本上就是客人在写评论时的主要因素，其实在很多情况下好的服务可以弥补硬件方面的某些缺陷（见图3-22）。

图3-22 客人评论截图

　　论评其实是最重要的宣传渠道，评论最重要的地方在于他不是只给民宿经营者看的，也不是只给写评论的客人自己看的，而重点是给民宿未来的每一位潜在客户看的。所以，我们要深切地了解每一个写评论的客人在写评论时的心理，无论他写的是好评还是差评，是陈述事实还是带着满满的情绪，在了解之后再以最合适的语言内容回复，这才是评论的真正核心。

相关链接 〈

住客使用线上平台预订的步骤和心理

　　一般情况下，住客在预订住宿房间之前，会先确定要出行的目的地国家以及城市。比如是以旅行为主要目的出行，住客会先查看机票，然后根据机票不同日期呈现的不同价格来选择适合出行的时间段，在确定好机票的日期后才会去线上平台选择民宿酒店。具体步骤如下图所示。

使用线上平台预订民宿酒店的步骤

1.地理位置

　　当客人在线上平台预订民宿时，第一要素一定是国家城市和区域的选择，旅游客人一般会通过地标性建筑去选择住宿。比如当游客选择北京的时候，通常都会优先选择最著名的故宫/王府井区域的酒店，或者靠近中心城区地铁站的区域，而商务客人一定是选择距离办公地点越近越好。

　　所以，地理位置是决定你是否能被搜索到的关键第一步。

2.入住日期

　　确定好位置以后就会输入想要入住的日期，如果在客人入住的时间段内的某一天你没有空余的房间了会导致你可能错过一部分客人。

　　所以，我们在控制线上平台后台时一定要严谨，确保达到100%或以上的出租率再选择关闭售卖。

3.详细筛选

　　客人会根据期望的住宿类型或者自己的喜好挑选一些特色的民宿进行进一步筛选。

线上平台可以根据设施设备、地理位置、民宿星级评分等详细情况进行细化筛选。

4.房型价格

有些客人是只看可接受的价格范围内的，有些是宁愿贵一点也想选择适合自己心意的，民宿创建的房型以及价格的设置的精髓体现在此。这个阶段如果民宿有一些特惠房型或者低价房就会有更大概率被客人看到。

一般来讲，线上平台在列表中只会显示此民宿的最低房型价格，即为钓鱼房型。

5.民宿图片

客人选择完相应价格后就会再次缩小选择范围，这时客人会进一步更细微地作比较，首先从民宿提供的官方图片，公共区域、房间内部细节来选择。

此处图片的拍摄就很重要了，建议民宿经营者在拍摄官方照片时，在实事求是的情况下不要吝啬成本。

6.评分评论

当客人基本锁定几个民宿的选择范围之后，那么最后的决定权就在评分和评论方面了，比如民宿的总体评分、细节评分、性价比、评论数量等。客人在浏览评论的时候基本上都是在观察评论中的差评。

经过以上几个步骤之后，客人就会最终选择一家最合心意的民宿了。

第四节　文案推广

软文，顾名思义，不是硬核的广告，而是通过在文章中嵌入推广信息，让浏览者在阅读时潜移默化地进入你的思维圈，进而达到宣传推广的效果。

一、民宿文案的重要性

民宿文案不是简单随便写上几句内容介绍而已。如果把OTA上展示的民宿图片作为招牌，吸引人点进来看详情，那房源介绍就像一个滑梯，优秀的文案可以让客户不知不觉中直接滑到"预订购买"的阶段。因此，民宿文案绝不是随便写写就可以。我们看到的多数优秀文案，往往都能够令人产生情感的共鸣或认同。

比如，《亲爱的客栈》中的文案，正是因为它的有情有趣，才让人产生留恋在此地的欲望。

与图片所传递的信息不同，文案是一种直入人心的，能够唤起情感的，甚至耐人寻味的宣传方式。也正因为文案具有如此独特的魅力，文案往往会介入品牌建设的始终，包括命名、口号、推广文案等。

二、民宿文案撰写的原则

在民宿的营销推广中，所需要的文案应具备图3-23所示的原则。

简单，精炼核心信息 —— 文案撰写的 原则 —— 可信，让人愿意相信

意外，吸引维持注意 —— 文案撰写的 原则 —— 情感，使人关心在乎

具体，帮助深化记忆 —— 故事，促人起而行动

图3-23　文案撰写的原则

1.简单，精炼核心信息

这里"简单"的含义，是便于让消费者记住。就民宿而言，不论是名称还是口号，都要通俗易懂，并朗朗上口。

比如，北京的人气网红民宿"白鸟集"，会让多数人感觉到它的轻灵、自由、放松，而对于文化人来讲，又会联想到泰戈尔所写的诗集《飞鸟集》。

就北京的众多民宿业态而言，类似白鸟集这样朗朗上口的民宿也有很多。诸如"山楂小院""山里寒舍""渔唐"等，这些都是北京区域的网红民宿，不仅创造了全年营销入住的神话，同时也是北方民宿的代表，它们的走红，文案的加持起到了很大的作用。从品牌名称上，通过具体事物的借代与引用，便将核心信息提炼无余。没有生僻字，便于记忆，容易理解，也能够让人们产生情感认同。

2.意外，吸引维持注意

山楂小院曾经有过一篇自媒体推文，描述了雪后的院落，共享天伦的一家人。活泼嬉笑的孩童，身心放松的家长。这一幕相信很多人都有印象，并且念念不忘。为何？因为它营造了一种不同于城市生活的生活场景，可能是70后、80后儿时的记忆，可能是90后，甚至00后猎奇的新鲜事物。但不可否认的是，它其实是一场"意外"。

用神来之笔，描写意外的场景，当属陶渊明笔下的《桃花源记》，"夹岸数百步，中无杂树，芳草鲜美，落英缤纷……"这是多少城市人梦中的理想居所啊，民宿其实就是要将它再现出来，所以我们热爱民宿。这意外之笔的描述，在于走心，它可以是景色、是物产、是民俗、是风情……

3.具体，帮助深化记忆

说到具体，应当是心路历程的再现。出于何种初心、缘由怎样的契机，让民宿经营者开始了一段与民宿相亲相爱的记忆。

比如，薰衣草森林的创办人，也是缓慢民宿的创办人，对北海道情有独钟，因为当地薰衣草花田带来的震撼与启发，所以开设了薰衣草森林。

"梦的源头，都从北海道美瑛开始……"（见图3-24）

图3-24 文案截图

文案的重点是写出自己创办品牌是因何感动，再写出由这份感动产生何种梦想，最后写出此梦想如何带给别人感动，希望别人感动之后有何改变，这种连续不断的关联，就是读者最需要的文案内容。

4.可信，让人愿意相信

文案是借用多种手法，用以吸引读者产生兴趣，从而达到营销推广作用的手段。我们常说，"术法有千万般变化，而道法自然"。其实就是说，不管做何事，都要"实事求是"，要有事实依据，不要夸张怪诞，更不要欺骗消费者。民宿的推广文案，可以用优美的辞藻堆砌，用丰富的修辞装扮，但最基本的一条，不能脱离实际。

如果通过虚假宣传欺骗消费者，后果是非常严重的。不仅消费者会在OTA平台，各大自媒体以及社群中，发布自己的体验心得点评；甚至会受到相关部门的关注，如果再受到制裁或惩罚，那简直是得不偿失的事情。因此，文案一定要在可信的基础上写作。

5.情感，使人关心在乎

优秀的文案，能够化腐朽为神奇，通过最简单的文字，轻柔委婉，就像和一个很好的朋友谈心，让人觉得放松。能够润物无声，不经意的直入人的内心，触动人的情感。

文案能够提升用户对民宿的好感，但这还远远不够。文案的目的并不仅是让消费者产生情感，而是要传递一种民宿所具有的温情、热情，甚至长情。从而让消费者跃跃欲试。文案的作用就是让这样的潜在需求升华。

6.故事，促人起而行动

人与人之间的交往，其实本质是故事的交换，没有人是不喜欢故事的。这故事可以是已经存在的，也可以是尚未发生的。多数人入住民宿，寻求的其实是一种发生"故事"可能。

你有好的故事，就不怕没有读者。因此文案的作用，同样要赋予民宿一个好的故事，这故事可以跌宕起伏，可以发人深省，可以痛彻心扉。但不管是怎样的故事，都会有它特定的读者，对于民宿经营者来说，需要的就是要吸引这些特定的读者，让其与你的民宿产生关联，从而让民宿的故事源源不断。

三、民宿文案撰写的技巧

一切广告文案，都是为了引导用户做出改变，改变他们的想法和态度，让他们朝我们想要的方向改变，从而达到我们的预设目标。因此，民宿文案在撰写过程中应掌握图3-25所示的技巧。

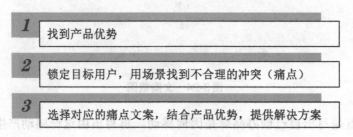

图3-25　文案撰写的技巧

1.找到产品优势

优势是指比对方有利的形势。泛指处于较有利的形势或环境或在某些方面超过同类的形势。我们可以理解为，它是用户大脑里关于你的产品可描述的优异点。因此，只有找到产品优势，才能更好地与客户需求结合，在市场竞争中赢得先机。

那么，我们应该如何来找产品优势呢？我们可以将产品属性分为多个维度来分析，比如基本属性（包括颜色、尺寸、材质等）、功能属性、品牌属性、价格等，找出最具竞争力，最能打动用户需求的属性。

下面以××民宿为例，来介绍如何找到产品的优势。

××民宿的背景如下。

××民宿最初是一家只有几间房的家庭旅馆。创始人希望旅行者不用面对千篇一律的酒店风，比如统一的白床单，缺乏个性化的房间，而是可以感受当地民俗风情，感受不一样的风景线。所以，特地将房间设计得温馨又舒适。住过的人都喜欢上了这里的亲切和自在感，继而口碑相传，使得粉丝越来越多。如今，××民宿逐步扩张升级，做成了拥有自己风格、特色的精品民宿酒店。在重庆、长沙、北京、广州等地开店。几乎每个店都有自己独特的风格特色，而店长也很容易和客人成为朋友。但是面对竞争越来越激烈的行业，××民宿也需要突出重围，吸引更多用户。

所以，在做××民宿的文案前，我们需要先了解以下三个问题。

（1）××民宿能满足用户的什么需求？

（2）住民宿的人群的痛点是什么？

（3）为什么民宿这个形态能解决痛点？

答案是它能满足用户对性能、新颖和理想自我的需求。因为喜欢住民宿的人一般都是比较有个性，喜欢深度游的年轻人。这类人群不喜欢设计、服务千篇一律的酒店，他们更喜欢感受当地风土人情，获得不一样的惊喜和收获。民宿弥补了传统酒店这一缺失，更加关注用户需求，从服务到设计都更有人情味儿，为用户提供他们想要的个性化、人性化、理想化的住宿体验。

因此，我们可以开始为××民宿进行行业的差异化定位，找出××民宿区别于传统酒店的优势。

（1）风格差异化的城市店设计：博物馆风、邮局风、复古风……

（2）像家一样的房间设计：小鸟杯子、铁艺茶几、皮沙发等，像家一样温馨、自在。

（3）处处皆美景：从大厅到走廊，再到房间里，每一处设计都充满个性美。

（4）人性化功能布局：干湿分离。

（5）丰富的线下活动：普吉岛、多美娜等海之旅。

（6）像朋友一样的店长：介绍当地好吃好玩的，一起畅谈人生。

当我们找出××民宿区别于传统酒店的差异化优势，便可以找出与目标用户最贴切的需求，进而找出当下的不合理处，并放大痛点。

2.锁定目标用户，用场景找到不合理的冲突（痛点）

所谓目标用户就是企业或商家提供产品、服务的对象。目标用户是市场营销工作的前端，只有确立了消费群体中的某类目标用户，才能有针对性地找需求、抓痛点，并制定营销目标等工作。我们可以通过5W2H（Who、Where、When、What、Why，How，How much）还原场景，分析目标用户的需求，找到他们对当下的不满，从而抓住冲突产生的痛点。

比如上例中，在为××民宿宣传的时候，我们需要考虑到当下市场情况，由于做体验、个性化的民宿越来越多，如擅长场景化营销的亚朵，专注线下活动的瓦当瓦舍等，与他们竞争并无太多优势可言，因此我们将目标用户主要锁定为还在住传统酒店的人群。这群人主要是旅行者，也有一些其他人群，比如商务人士。我们可以通过5W2H还原场景，找到当下的不合理，进行痛点分析。如表3-3所示。

表3-3 痛点分析

场景一	需求 （本来希望……）	当下现状	冲突（痛点）
Who：需要出差的人 Where：同等价位的传统商务酒店 When：出差 What：休息 Why：出差需要在外地给自己找一个临时的"家" How：一早奔奔赶飞机见客户，晚上很晚才回酒店 How much：一早四五点起床出门赶飞机，晚上十一点多才结束工作	早出晚归，很累，希望住到出入方便，像家一般舒适，有品质的酒店（性能需求）	住的传统酒店多设施陈旧，布局简单，服务环境差强人意	出差本来就很累，还住得不称心

续表

场景二	需求 （本来希望……）	当下现状	冲突（痛点）
Who：自由行的人 Where：传统酒店 When：旅行 What：感受当地风土人情 Why：旅行的精华就在于亲身体验，过别人的人生 How：吃当地特产美食，和当地人交流，逛当地有特色的街巷	吃喝玩乐获得不一样的体验（新颖需求）	住的酒店都是统一白床单，千篇一律的"标配"	吃当地美食，逛特色街巷，就是住的地方没特色，感觉像一直没有变过

场景三	需求 （本来希望……）	当下现状	冲突（痛点）
Who：自由行的人 Where：同等价位传统酒店 When：旅行 What：拍照 Why：留做纪念，分享 How：逛的、住的、吃的，只要能秀的风景都拍 How much：一到目的地就开始拍，每到一个目的地都想拍，比如酒店	无论何时何地，都可以拍各种好看的照片，包括酒店，可以在朋友圈秀，让大家羡慕，点赞（理想自我）	住的酒店太普通，没法拍美景	出门旅游，24小时至少有1/3时间花在酒店里，却没法拍一张好看的场景

3.选择对应的痛点文案，结合产品优势，提供解决方案

为什么说痛点文案可以唤起用户动机？就是因为它能替用户说出他们的痛点，并且给予可行的解决方案，为他们设计出最简单的行动路径。

我们所找到的用户需求不一定全是他们的痛点，但是痛点一定是需求。大多数情况下，用户的冲突都是心理上的冲突，所以，痛点文案便是心理冲突的描写，也可以理解为攻心文案。

常见的痛点文案模板有图3-26所示的几种。

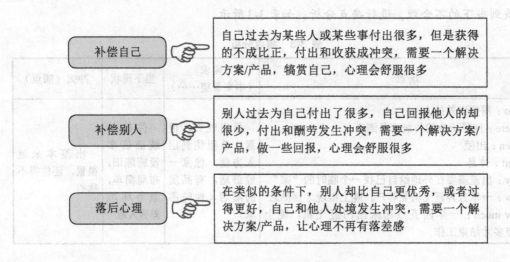

补偿自己	自己过去为某些人或某些事付出很多，但是获得的不成比正，付出和收获成冲突，需要一个解决方案/产品，犒赏自己，心理会舒服很多
补偿别人	别人过去为自己付出了很多，自己回报他人的却很少，付出和酬劳发生冲突，需要一个解决方案/产品，做一些回报，心理会舒服很多
落后心理	在类似的条件下，别人却比自己更优秀，或者过得更好，自己和他人处境发生冲突，需要一个解决方案/产品，让心理不再有落差感

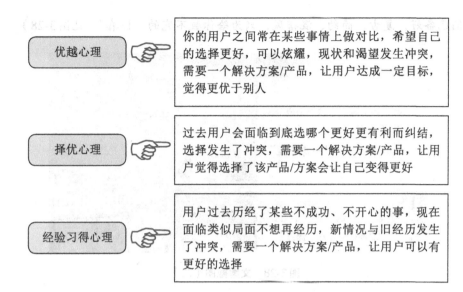

优越心理	你的用户之间常在某些事情上做对比，希望自己的选择更好，可以炫耀，现状和渴望发生冲突，需要一个解决方案/产品，让用户达成一定目标，觉得更优于别人
择优心理	过去用户会面临到底选哪个更好更有利而纠结，选择发生了冲突，需要一个解决方案/产品，让用户觉得选择了该产品/方案会让自己变得更好
经验习得心理	用户过去历经了某些不成功、不开心的事，现在面临类似局面不想再经历，新情况与旧经历发生了冲突，需要一个解决方案/产品，让用户可以有更好的选择

图3-26　痛点文案模板

继续以××民宿为例，在我们找到和客户相关的产品痛点以后，便可以选择合适的痛点文案模板进行套用，并且结合××民宿优势，给予用户可行性解决方案。

通过上面对××民宿目标用户的第一个场景分析，我们可以选择"补偿自己"，再结合××民宿优势"像家一样的温暖设计"，得出痛点文案一。

04:30起床狂赶早班机，23:00强打着精神拜访完客户，多么希望此刻回的是"温暖家"

我们已备好柔软被褥、慵懒沙发、江景浴缸，只为疲惫的你随时都能"回家"（见图3-27）。

图3-27　文案截图（一）

通过对目标用户第二个场景的分析，我们可以选择"一致心理"，再结合××民宿优势"风格差异化的城市店设计"，得出痛点文案二。

吃了18个城市的特色美食，逛了180条风格迥异的街巷，偏偏住的地方"一成不变"

我们已备好，复古、简约、混搭风，只为给你数不完的"惊喜"（见图3-28）。

图3-28　文案截图（二）

通过对目标用户第三个场景的分析，我们可以选择"择优心理"，再结合××民宿的优势"个性化设计＋像朋友一样的店长"，得出痛点文案三。

旅行就是到别的地方去过别人的生活

如果连住的地方都千篇一律

还有什么"新鲜"可言？

我们已备好有趣的故事和人，用色彩说话的房间，只为"诗和远方＆特别的你"（见图3-29）。

图3-29　文案截图（三）

通过以上三步产生的痛点文案，可大大唤起用户的行动欲望。

总之，想要写出唤起用户行动的痛点文案，一定要先找到产品差异化定位，找到主打需求，再将产品优势和用户痛点绑定，同时将痛点场景化，最后提供可行性解决方案，让用户以最小行动成本就可达成目标。

第五节 KOL推广

据统计越来越多的广告主开始重视KOL并投入大量预算，一方面，在当今社会KOL的流量和关注度已经不容小觑，品牌仅靠广告已不能完全覆盖到消费者；另一方面，KOL对其粉丝的影响力和舆论引导能力不容小觑，消费者对产品功能性需求淡化，更多追求的是精神和情感的满足，KOL很好地满足了这点。

一、什么是KOL

KOL，关键意见领袖（Key Opinion Leader）。通常被认为是"拥有更多、更准确的产品信息，且为相关群体所接受或信任，并对该群体的购买行为有较大影响力的人"。

简单来说，就是在某个领域拥有一定影响力的人。

比如，贴吧的吧主、某读书群的领读人……这些都可以称之为KOL。

KOL的两个最大特点如图3-30所示。

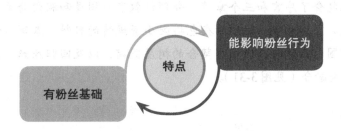

图3-30 KOL的特点

二、民宿KOL营销的兴起

民宿的不断出现真实反映了现代人对于都市生活的焦虑，以及对慢节奏的田园生活的向往。民宿经营者们以此为卖点，打造具有个性化风格的住宿地点，五花八门的主题风格，新颖前卫的设计理念，充满人性化的周到服务，这些特点充分契合年轻人追求个性，追赶潮流的特质。

当然，光是这些特色依然无法保证民宿在激烈的竞争中获胜，相比于传统酒店，民宿在新媒体营销领域的突破，特别是KOL营销的大力推广，是其异军突起的关键原因之一。

2017年，有别于传统综艺形式崇尚"快"的理念，以《向往的生活》《亲爱的客栈》《三个院子》为代表的"慢"综艺火了起来。这类以走出城市、体验农村为主题，崇尚慢节奏生活方式的综艺深受好评，而通过寄宿当地民宿来感受人文情怀，体验农村生活成了许多人心底的梦想。

综艺的扎堆进驻民宿对于民宿行业的发展来说意义重大，通过微博等社交平台的推广，微博上的大V博主相继转发，越来越多的KOL选择民宿作为住宿方式，使这种新颖的生活方式受到了广泛的关注和热议，反映了民宿依托KOL营销进行推广，从而吸引游客消费变现的过程。

从明星效应到KOL力推，民宿产业牢牢抓住了年轻群体的需求，借助社媒营销领域不断扩展的时机，进行了一波完美宣传，不仅通过KOL收获了大量粉丝和渠道，也反映出KOL营销和推广对于民宿发展的重要性。

三、不同平台KOL营销模式

1. 线上旅游OTA平台

以马蜂窝、穷游、携程等OTA平台为代表，用户可以在这类网站上发布大量的旅游攻略和游记，于是出现了众多拥有大量粉丝的旅游KOL。

比如，@林爱念念是来自马蜂窝的用户，是【Mao&Lily】这对小夫妻共同经营的旅行分享账号，以游记的形式分享旅行过程中的收获。其中《自驾莫干山，探寻网红民宿的新格调》游记包含了序言和三个章节，分别记叙了以树屋和洞穴为主题的民宿，云海和竹海交相辉映的自然奇观，外滩的夜色搭配小资风情的日料。本篇游记令人印象最为深刻的便是与周围的竹林与云海颇为契合的树屋民宿，以及回归原始的洞穴式房屋，堪称人与自然的完美融合（见图3-31）。

图3-31　《自驾莫干山，探寻网红民宿的新格调》游记截图

不过，OTA平台存在的"造星"功能相对较弱，且旅游因其低频度的特点无法带来长期且稳定的流量，所以这类博主通常也在其他社交平台经营自己的账号，如微信、微博和短视频平台，他们会不定期更新动态来维持和增加KOL品牌的关注度。

2.短视频类平台

随着我国短视频App与弹幕视频网站的兴起，记录生活与制作视频的门槛降低，以短视频和VLOG形式呈现的旅游视频开始大量涌现。其主旨是记录自己不一样的生活体验，所选取的角度更是多种多样，如何将自己的日常打造得与众不同，保持新鲜感和趣味性成了这类视频取胜的关键。

旅游类题材以游览世界各地的名胜古迹和风土人情为卖点，不仅跳出了枯燥的日常复读，更能勾起观众的兴趣和新鲜感，体验一把云旅游的快感，顺势收获一波用户的关注和点赞，可谓一举两得。

发布这些视频的KOL不是资深的旅游爱好者，而是那些偏综合性的网红或大V，通过时下最流行的社交工具来获取流量，进一步提升品牌的知名度。

根据PARKLU在2018年发布的全球旅游行业KOL营销榜单显示，社交软件在旅游类文章的发布数量层面增幅显著，微博的营销能力依然不可撼动，而小红书以及抖音等新近崛起的平台正逐步展现其KOL的影响力与号召力。

由此我们不难发现，未来主导旅游营销的KOL人选已经不再是旅游达人为主力，而倾向于更为全面的综合性KOL。民宿KOL营销在社交媒体与短视频平台的发展将成为未来决定品牌影响力的关键。

四、民宿KOL营销注意要点

1.谨防数据造假和"虚势"KOL

如今KOL领域在大规模发展的表象下也隐藏着诸多问题。大部分平台在衡量KOL影响力时所参考的多是一些外在数据，如点赞、收藏、评论和阅读量，这种参考方式容易被流量假象所蒙蔽。

随着新媒体营销技术的提升，如今衡量KOL品牌效应的方式逐步扩展，数据分析模式更多从品牌传播的角度衡量，比如转发层级、品牌提及、跳转点击、粉丝在互动中的情感倾向等。

通过规避以粉丝数量为单一判断依据的方式，来预防被虚假KOL数据所迷惑。

2.根据品牌模式选择适合自己的KOL

KOL在与旅游业连接的过程中也需要一座桥梁，如同球员加盟俱乐部时经纪人所担任的角色一样，新媒体领域从事这方面工作的团队被称为MCN，主要负责整合和审理KOL所创作的内容，并帮助其完成推广和变现的工作。

在未来新媒体领域内，MCN的价值不容忽视。一方面，KOL将商业化流程交给MCN，以便专注于内容的制作；另一方面，MCN能够通过数据分析从专业的角度寻找适合品牌发展模式的KOL。

民宿行业需要找准自身的定位，是选择品牌推广类的，还是选择市场营销类的，作为旅游类分支下的新兴产业，对于品牌的推广应当放在首位。

特别是对于潜在用户的吸纳，以及维持粉丝用户的黏性，通过提升品牌的内容和影响力来真正意义上的吸收稳定的粉丝群体，发展具有投资潜力的回头客，而不是一些非主力用户。

3.挖掘有潜力的综合性KOL，专注内容创新

正如前文提到的，旅游KOL需要更多新鲜血液的注入，而一个合格的综合性KOL对于品牌的宣传能起到与众不同的效果。

如果你试着在bilibili网站搜索关键词"旅游VLOG"，并查看点击量最高的VLOG视频，你会发现前十的视频都来自不同领域（见图3-32）。

图3-32 bilibili网站截图

比如，在bilibili网站深受欢迎的两位外籍博主，通过各种游历VLOG体验中国文化，展现中西方文化的差异。

首先，他们在自己的领域已经拥有了大量稳定的粉丝群体，先一步确立了品牌推广的市场，并通过与粉丝的日常互动潜移默化地推动品牌给潜在客户，这是OTA平台专职旅游博主无法实现的。

其次，是不是专业的旅游类博主并不重要，重要的是你展现给观众极具创意的故事内容，一趟具有鲜明的个人风格，且立意与众不同的旅程记录，远远好过平铺直叙的游览日记，能收获更多粉丝的青睐，这也是综合性KOL的优势所在。

他们往往能更好地把握观众所感兴趣的话题，并结合时下的热点来调动观者的气氛，时常可见满屏的弹幕互动，体现弹幕视屏互动功能的优势。

（04）

第四章

民宿客栈加盟

导言

　　加盟一个好的品牌，对于想创业的人来说，既可以自己当老板，又避免了创业的诸多风险。但是如果选错了品牌，则可能是"赔了夫人又折兵"，白白浪费了金钱和时间。因此，选对加盟品牌，是加盟成功的有力保障。

第一节　加盟的基本认知

　　加盟连锁品牌是许多创业者的选择，这是由于加盟某品牌，加盟商可以受项目总部的加盟支持，并有权使用总部的项目形象、商标权。

一、加盟的概念

　　加盟，是指参加某一团体或组织。可拓展到商业领域，即商业品牌的代理加盟。加盟就是该企业组织，或者说加盟连锁总公司与加盟店二者之间的持续契约关系。根据契约，必须提供一项独特的商业特权，并附加人员培训、组织结构、经营管理、商品供销等方面的协助。而加盟店也需付出相应的费用。

二、加盟的形式

　　加盟特许经营的经营形式种类有很多，依出资比例与经营方式不同大概可以分为自愿加盟、委托加盟与特许加盟。

1. 自愿加盟

　　自愿加盟是指个别单一商店自愿采用同一品牌的经营方式并负担所有经营费用，这种方式通常是个别经营者（加盟主）交一笔固定金额的指导费用（通称加盟费），由总部教导经营并开设店铺，或者经营者原有店铺经过总部指导整改成连锁总部规定的方式经营。

自愿加盟的方式一般每年都需交固定的加盟费，总部也会定期派人指导，开设店铺所需费用由加盟主负担；由于加盟主是自愿加入，总部只收取固定费用给予指导，因此盈亏与总部无关。

自愿加盟方式的优缺点如图4-1所示。

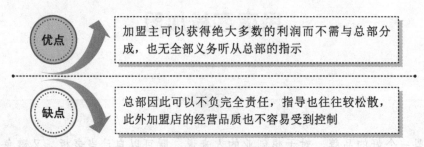

优点　加盟主可以获得绝大多数的利润而不需与总部分成，也无全部义务听从总部的指示

缺点　总部因此可以不负完全责任，指导也往往较松散，此外加盟店的经营品质也不容易受到控制

图4-1　自愿加盟方式的优缺点

2.委托加盟

委托加盟与自愿加盟相反，加盟主加入时只需支付一定费用，经营店面设备器材与经营技术皆由总部提供，因此店铺的所有权归属总部，加盟主只拥有经营管理的权利，利润必须与总部分成，也必须百分之百听从总部指示。

委托加盟方式的优缺点如图4-2所示。

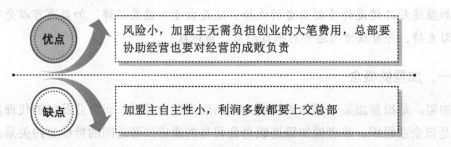

优点　风险小，加盟主无需负担创业的大笔费用，总部要协助经营也要对经营的成败负责

缺点　加盟主自主性小，利润多数都要上交总部

图4-2　委托加盟方式的优缺点

3.特许加盟

特许加盟是特许人与受许人之间的一种契约关系。根据契约，特许人向受许人提供一种独特的商业经营特许权，并给予人员培训、组织结构、经营管理、商品采购等方面的指导和帮助，受许人向特许人支付相应的费用。通俗讲特许经营是特许方拓展业务、销售商品和服务的一种营业模式。

特许加盟介于自愿加盟和委托加盟两种方式之间，通常加盟主与总部要共同分担设立店铺的费用，其中店铺的租金装潢多由加盟主负责，生产设备由总部负责，此种方式加盟主也需与总部分享利润，总部对加盟主也拥有控制权，但因加盟主也出了部分费用，因此加盟主利润较高，对于店铺的形式也有部分的建议与决定权。

相关链接 ‹

《商业特许经营管理条例》节选

第一条

为规范商业特许经营活动，促进商业特许经营健康、有序发展，维护市场秩序，制定本条例。

第二条

在中华人民共和国境内从事商业特许经营活动，应当遵守本条例。

第三条

本条例所称商业特许经营（以下简称特许经营），是指拥有注册商标、企业标志、专利、专有技术等经营资源的企业（以下称特许人），以合同形式将其拥有的经营资源许可其他经营者（以下称被特许人）使用，被特许人按照合同约定在统一的经营模式下开展经营，并向特许人支付特许经营费用的经营活动。

企业以外的其他单位和个人不得作为特许人从事特许经营活动。

第四条

从事特许经营活动，应当遵循自愿、公平、诚实信用的原则。

第七条

特许人从事特许经营活动应当拥有成熟的经营模式，并具备为被特许人持续提供经营指导、技术支持和业务培训等服务的能力。

特许人从事特许经营活动应当拥有至少2个直营店，并且经营时间超过1年。

三、加盟店的优缺点

1.优点

（1）品牌方已经在市场上拥有一定的知名度，并拥有成熟的运营模式。

（2）加盟商只需要根据品牌方提供的经营方法便可获得稳定的收益。

（3）加盟店的选址、装修，品牌方均会提供专业的协助，无需加盟商再费心。

（4）品牌方有规划的宣传和推广品牌，并定期研发出新品，以满足市场需求。

2.缺点

（1）投资费用高，加盟品牌一般都会需要额外投入加盟费、保证金等，对于资金有限的投资者来说并不是很友好。

（2）加盟后，需服从品牌方的规章制度。

第二节　选择加盟品牌

当下，市场上的加盟品牌数不胜数，要想选择一个好的加盟品牌也是需要很多技巧的，需要综合自身的资金、能力、经验及其加盟品牌的市场行情等多方面来分析。

一、看品牌影响力

一个好的品牌由品牌知名度和品牌美誉度构成。

1.品牌知名度

根据《营销三维论》中的"强势品牌论"，品牌知名度包括品牌辨识和品牌回忆的呈现。具有品牌识别能力的消费者，在获得某种提示后，便能正确地指出先前是否曾经看过或听过该品牌。品牌回忆指的是当消费者想到某种产品时，不经任何提示，便有能力回想起某特定品牌。

2.品牌美誉度

品牌美誉度是社会和消费者对这个品牌的评价，常常是消费者决定购买的重要动力。比如有人想吃汉堡，他们的优先选择可能是麦当劳和肯德基。

品牌的知名度越高，品牌能够带来的客流和销售就越高，加盟者拓展市场时才更省心省力。

> **◈ 小提示：**
>
> 投资者在加盟时，一定要摸清品牌情况，选择一家有较高知名度和美誉度的品牌，才能在一定程度上实现"背靠大树好乘凉"。

二、看企业文化

企业文化是企业信奉并付诸实践的价值理念，是在生产经营实践中逐步形成的，为全体员工所认同并遵守的、带有本组织特点的使命、愿景、宗旨、精神、价值观和经营理念。从本质上说，它包括企业职工的价值观念、道德规范、思想意识和工作态度等；从外在表现上说，它包括企业的各种视觉传播体系、文化教育、技术培训、娱乐联谊活动等。培育良好的企业文化，可以做到决策精明、信息灵敏、团结融洽、配合默契、效率快捷、勇于进取；可以在企业成员中造成强大的凝聚力和创业的动力。

加盟者在选择品牌时，要从图4-3所示的两方面来考虑品牌和企业文化。

好的品牌，往往会有一些独特的品牌文化，作为企业的灵魂，给予企业发展的不竭动力

选择加盟品牌要考虑的企业文化

该品牌的文化是否与你的理念匹配。如果其品牌文化是内敛的、严谨的，就不太适合那些开放、活泼的加盟者，因为理念上的冲突，自然会影响到后续的合作

图4-3 选择加盟品牌要考虑的企业文化

三、看服务体系

投资地产重要的是地段，而经营加盟项目成功的秘诀之一也是地段。"酒香不怕巷子深"的思想已经落伍，没有好的地段，再好的项目也有"明珠暗投"的可能，即使最终成功了，盈利的时间也会大大延长。因此，如何选择合适的经营地段，就成为投资商头疼的问题。

如果你选择了一家好的加盟总部，这时，优势就体现出来了。正如大家所熟知的，麦当劳的选址几乎没有失败的案例。

1.在选址时出谋划策

好的总部在选择加盟商之前，都会对市场考察和加盟店选址投入大量的精力。因此，他们通常有能力为加盟商出谋划策，选定合适的地段，以此保证加盟店的客流量，为未来的经营埋下良好的伏笔。

2.提供店面规划

同时，好的总部会站在加盟商的角度，为其提供合理的店面面积规划。店面面积过大，容易使店面的有效资源得不到充分的利用，造成单位面积的管理成本高、盈利能力低；面积过小，则不能满足高峰期间的经营。

3.后续服务有保障

正如销售产品的企业，其优良的售后服务能体现其品牌一样，好的加盟总部，往往都有完备的后续服务机制，这为加盟店的长足发展提供有力保障。

比如，总部会根据加盟店的销售情况，由专业人员为其制订营销计划，以适应消费者的喜好。

4.总部巡店考察

有些总部还定期或不定期去各加盟店进行巡察，这既体现了总部对加盟商事业的关注程度，同时也表明其对各加盟店运营情况的关心。从另一个角度来看，总部通过巡视过程，还能收集到许多市场信息，从而进一步采取策略，提高其竞争力。跟随这样的加盟总部，无疑是加盟商的福气。

四、看运营体系

有许多连锁加盟总部的负责人并不具备经营管理的专业知识，只是因为开了一两家生意很好的店，遇到许多人想要加盟开分店，于是就草率地成立一个加盟总部。

连锁加盟的总部需要具备的专业知识相当多，包括市场的开发与管理，商圈的经营、行销与广告宣传活动、人员的招募与管理、财务的规划与运作等。这些都是协助加盟店妥善、长期经营店面的必要知识。说起加盟，投资者关心的无疑是投资回报。部分连锁企业大力宣扬其高额投资回报，有的甚至在宣传资料上标明"投资回收期仅为一个月"，这都是不负责任的宣传。

好品牌通常会对加盟商做出一个全面的评价，计算规划出一个客观、有效的投资回收期以及投资利润率。根据行业惯例，大多数连锁加盟企业1～2年的投资回收期是合理的。

五、看培训支持

总部给予加盟商的培训支持，是连锁加盟正常运转的核心要素之一。培训可以促进加盟商与总部之间的相互了解，提高加盟店成功的概率。对于投资新手来说，如何进行人员招聘，如何进行店面的日常管理，如何打开销售局面、提高营业额等，都是迫切需要学习的内容。只有真正好的品牌，才拥有一套完善和有效的培训体系，为加盟商扫清障碍。

了解一个品牌的培训能力，可以看它是否拥有自己的培训部门，有哪些培训课程，培训人员的实践经验和专业素养，培训期的长短，以及是否到店培训等。同时，还可以通过了解已经加盟者的受训情况来判断总部培训的有效性。

六、看广告投入

根据《营销三维论》培训课程中的"有效传播论"，广告是现代商业竞争中必不可少的手段，也是先声夺人的有力武器。广告是信息传播的使者，是企业的介绍信，是产品的敲门砖。它在有效传递商品信息和服务信息的同时，帮助企业树立良好的形象，刺激消费者的购买欲望，引导消费者进行消费活动。

广告的投入及实施，也是加盟总部综合实力的一个体现。有实力的总部，为了进一步开拓市场，进一步配合加盟店的推广，往往会在中央电视台、各地卫视、各大门户网站以及各种重要的平面媒体上进行强势投入，同时在各个地区精耕细作，根据各个地区市场状况采用多媒体组合方式进行宣传。而总部投入的大量广告，加盟商都是直接的受益者。

七、看网点分布

好品牌会合理地控制连锁布局的密度。密度过高就会导致自相残杀；而密度过低，会导致顾客不便，令竞争对手趁机进入。

八、看经营能力

加盟店要能够针对主力商品的消费模式来设计，但是商品是有生命周期的，所以加盟店的装潢与格调也要相应调整。外在环境是一直在改变的，如果加盟总部不具备商品开发的应变能力，当现有的商品组合走到衰退期，不能满足消费者求新求变的需求时，加盟店的生存能力就会产生问题。

有些加盟总部并没有长久经营的想法，或者自己就对本行业的前景没有信心，因此虽然现有的连锁加盟体系还在持续扩展，但又转投其他的行业或是发展其他的品牌。而负责任的总部会珍惜连锁加盟系统建立的不易，遇到经营瓶颈时会设法找出加盟店与总部的应对之道，带领加盟商一起渡过难关、开创新局面。

投资者在选择加盟品牌时，应该多了解加盟品牌对于事业发展的未来规划是否注重在本专业上，以及其所投入的重点是否与专业相关。如果发现加盟品牌的真正兴趣并不是在本专业上，那么是否值得加入就要很慎重地考虑了。

小提示：

投资者应谨记，"品牌的实力与支持，永远是优先的"，只有选对品牌，加盟成功才具备基础。

第三节　考察加盟项目

创业选择加盟，自然少不了实地考察这一步骤。除了让总部招商人员和加盟商能够有效联系，也是加盟商确认品牌是否值得加盟的关键步骤。

一、考察项目方基本信息

对项目方需要考察以下信息。

（1）项目方是否有工商登记，工商登记是否在有效期内。

（2）项目方所持执照是否为项目方本人所有，项目方提供资料中的企业名称、经营范围与其营业执照上的是否一致。

（3）按国家对加盟连锁的有关规定，项目方必须满足"2+1"的条件（2个直营店，经营1年以上），才可以进行对外招商，这是国家为保护投资者利益出台的专门政策。

小提示：

　　目前有相当数量正在积极进行加盟连锁招商的项目方达不到"2＋1"的要求，这是违反国家有关规定的，投资者必须保持警惕。

相关链接

项目方应向投资方提供的信息

　　根据《商业特许经营管理条例》第二十二条的规定，特许人应当向被特许人提供以下信息。

　　（一）特许人的名称、住所、法定代表人、注册资本额、经营范围以及从事特许经营活动的基本情况。

　　（二）特许人的注册商标、企业标志、专利、专有技术和经营模式的基本情况。

　　（三）特许经营费用的种类、金额和支付方式（包括是否收取保证金以及保证金的返还条件和返还方式）。

　　（四）向被特许人提供产品、服务、设备的价格和条件。

　　（五）为被特许人持续提供经营指导、技术支持、业务培训等服务的具体内容、提供方式和实施计划。

　　（六）对被特许人的经营活动进行指导、监督的具体办法。

　　（七）特许经营网点投资预算。

　　（八）在中国境内现有的被特许人的数量、分布地域以及经营状况评估。

　　（九）提供最近2年的经会计师事务所审计的财务会计报告摘要和审计报告摘要。

　　（十）提供最近5年内与特许经营相关的诉讼和仲裁情况。

　　（十一）特许人及其法定代表人是否有重大违法经营记录。

　　（十二）国务院商务主管部门规定的其他信息。

二、考察项目真实情况

鉴于目前加盟连锁中骗局时有发生，部分投资者损失惨重，在考虑加盟之前，有必要对项目方进行可信性考察。考察的内容主要包括以下几项。

（1）项目方提供的办公地址是否真实，是否与营业执照上的地址一致。投资者需要考察项目方企业的存续期，即已经经营了多长时间。一般来说，一个企业经营存续期越长，从业历史越久，就越可靠。必要的时候，可以向所在物业查询项目方的租赁期限，交了多长时间的租金，到什么时候为止，还可以查询项目方是否按期交纳房屋租金；从对项目方注册资金的大小，也可以看出其实力和承担违约责任的能力，这都是很细致的工作。

（2）项目方是否经营过别的企业，进行过别的项目招商，结果如何。目前有些骗子习惯于"打一枪换一个地方"，已经形成一种经营"模式"，只要投资者足够细心，就不难看出破绽。

（3）一些项目方很乐意在口头和广告、资料上宣传已加盟者的数字，这个数字往往很大，以增加对投资者的吸引力，投资者要注意考察其真实性。

（4）一些项目方常常宣传自己获奖的情况，比如"十佳""最优""白金""白银""最具吸引力""投资者最满意"等。事实上，这些奖项往往由某些行业机构、招商组委会和媒体颁发，可信度不高。

三、考察项目投资风险

为了让项目做到"保赚不赔"，投资者一定要对项目的风险性进行充分的考察。考察的内容包括以下几项。

（1）对项目可行性及已加盟者的经营状况进行考察。

当你看中一个连锁加盟项目，可以考察该项目已加盟者的经营状况，考察对象可由项目方提供，但最好由投资者自己选择，在不告知对方的前提下，首先以消费者的身份进行观察。考察内容包括店址、每小时客户流量、全天客户流量、产品受欢迎程度、经营者的经营方式、雇员多少、业务熟练程度，估算其成本和投入产出。

然后，以投资者的身份出现，直接向对方询问。大多数时候，如果对方经营状况不佳，对项目方有情绪，反而可能向你介绍真实情况；如果经营状况甚佳，有可能对你隐瞒，或者介绍情况不真实，以防备竞争。在这种时候，需要投资者有良好的判断力。

最后，可以将考察的情况与项目方的介绍进行比较，基本可以得出符合实际的判断。

要注意的是，一般对项目方样板店的考察均不可靠；投资方在对经营状况不佳的加盟店进行考察时，要弄清楚对方为什么经营状况不佳，有时候是加盟者自己的原因，或是能力不足，或是不听从项目方的指导。

小提示：

　　投资者也不可听信加盟者的一面之词，因为对方和自己的身份类似，评价不够客观，导致错过好项目。

　　（2）了解项目方在知识产权方面（技术、商标等）和品牌方是否存在纠纷，是否拥有完全的所有权。

　　（3）了解项目方的禁忌，在什么情况下可能被解除加盟连锁资格，了解项目方所设禁忌是否合情合理，在合同中要明确这些细节，如果合同中没有这些内容，可以补充合同进行说明。

　　（4）了解项目方的收费，如加盟费、管理服务费、保证金等，明确这些费用的数额，收取的频率，必要时还要明确已交费用的退还问题，如在什么情况下投资者退出加盟，项目方必须退还保证金，这些要在合同中明确。对于要求加盟者一次性交清若干期限费用，比如一次交齐2～3年管理费、服务费的项目方，投资者须保持警惕，防止对方在收钱后消失。为提高投资的安全性，投资者可与项目方商量分期付款的方法，比如学会技术时交多少费用，拿到设备时交多少费用，成品合格时交多少费用等。

四、考察项目持续支持能力

　　对于投资者来说，好不容易选对了一个项目，当然希望能够长时间经营，给自己带来长期效益，为此，投资者还需要对项目方的运作进行持续支持能力方面的考察，内容包括如下。

1.运作是否规范

　　项目方运作是否规范，包括行为规范和章程规范。如图4-4所示。

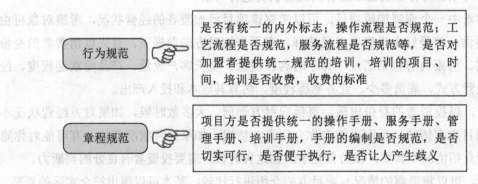

　　行为规范　是否有统一的内外标志；操作流程是否规范；工艺流程是否规范，服务流程是否规范等，是否对加盟者提供统一规范的培训，培训的项目、时间，培训是否收费，收费的标准

　　章程规范　项目方是否提供统一的操作手册、服务手册、管理手册、培训手册，手册的编制是否规范，是否切实可行，是否便于执行，是否让人产生歧义

图4-4　运作规范的内容

2.配送系统是否完善

　　如需配送，配送设备是否完整、是否先进，是否有统一的配送中心，配送人员的素

质如何、管理如何，配送中心是否能及时响应加盟者的要求，配送原材料是否经常短缺，配送价格是否合理、是否变化无常。

有一些项目方收很少的加盟费，将利润点全部放在后期的原材料配送上，这很正常，但随着投资者的投入越来越多，已经不能轻易脱离项目，项目方在配送原、辅材料的时候随意要价，价码越来越高，条件越来越苛刻，以致令加盟者产生被勒索的感觉，这就很不正常。因此应该跟项目方将配送价格谈清楚，将各种可能发生的情况和处置办法，可能发生的损失和索赔条件备录于合同。

还有一种是项目方不给配送，你所需要的原材料很容易自己找到，那么，对于这样的项目一定要提高警惕。这说明这个项目的门槛很低，被模仿的可能性很大，可能要面对竞争泛滥的局面。一般这样的项目，通常缺乏可持续发展的潜力。

五、考察项目扩张能力

谁都希望生意越做越大，如果一个项目做上三五年，每个月仍旧只有几千元的利润，就说明这样的项目缺乏扩张性。扩张性来自两个方面，如图4-5所示。

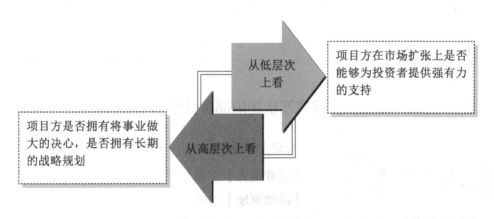

从低层次上看　项目方在市场扩张上是否能够为投资者提供强有力的支持

项目方是否拥有将事业做大的决心，是否拥有长期的战略规划　从高层次上看

图4-5　项目扩张性的基础

目前加盟连锁项目，普遍对广告的依赖性都非常强，投资者要考察清楚项目方在广告投放上是否能持续，是否能使广告覆盖一定范围，必要的时候，项目方能否提供强有力的促销支持，如物质方面的支持和政策方面的支持。这些都对投资者扩大经营有着直接的影响。

六、考察项目的人力构成

在对项目方进行考察的时候，除了要考察项目主导人的人品、性格、经历、知识结构、拥有的企业资源和社会资源外，还要着重考察项目方的团队。在各种招商会上，我们可以看到，不少招商团队是临时拼凑成的，这样的一个团队，能为你未来的投资项目提供什么样的保证，不难想象。对加盟项目方团队的考察，可从图4-6所示的几个方面着手。

1 考察团队成员的素质、从业经历、从业经验、既往业绩、圈内口碑

2 考察团队在性格和专业上的互补性

3 考察团队的稳定性

图4-6　对加盟项目方团队的考察内容

 **小提示：**

> 对于一些比较有经验的投资者，通过对项目方团队的观察和对项目方的突袭式访谈，可以得出较可靠的结论。

相关链接

民宿连锁加盟品牌介绍

1.云上四季民宿

【经营模式】合作。

【品牌源地】上海。

【适合人群】自由创业者、在岗投资、毕业生创业。

【项目介绍】云上四季民宿是如家酒店集团2015年开创的——全新概念的民宿合作平台。云上四季民宿是一个休闲度假民宿平台，全国各地景区及城市进郊的特色民宿汇聚于此，只为个性旅行中的你，带来朋友般的温暖和自在体验。云上四季民宿平台紧扣中国民宿业发展脉搏，致力于打造"民宿管理支持平台""民宿预订平台"和"后台资源共享平台"三平台合一的立体名宿生态圈。

云上四季民宿的服务群体注重生活品质，有消费能力、接受新事物能力较强的中高端家庭；热爱朋友三五成群，结伴一起旅行；企事业单位白领、中层管理人员商务出行。民宿风格定位：具有温馨舒适的家庭氛围和当地文化特色。

【加盟优势】

（1）品牌支持。统一、完整的企业品牌形象识别系统；全国和地区性统一的品牌

建设和推广；针对不同地区或单个专项广告策划；酒店旗下互相订房、前台互荐促销广告；酒店网站的整体宣传推广。

（2）技术支持。提供自主版权的管理系统软件；酒店中央预订系统接入；专业的酒店电脑IT架构设计方案；及时的电脑远程维护和在线升级；提供最新技术的研发和应用方案，并协助实施。

（3）工程支持。提供酒店硬件标准；提供最优化的工程方案指导，包括专业的工程规划和方案设计；工程现场施工指导和工程例会，不低于每周1次；提供中央采购平台，统一材料标准；有效的成本控制；外立面效果图；工程完工的质量检查报告。

（4）酒店管理支持。专业化管理团队；酒店开业筹备、人员招聘、培训和开业验收；专业的酒店营运咨询服务和质量控制；标准化的服务质量管理系统；每季度/半年的质量检查；质量改进方案和跟踪系统；酒店宾客满意度控制方案。

【加盟条件】

（1）营业条件。有可营业的闲置自用房（家庭副业）或可营业的租赁房屋经营（主业经营），房间数量无限制。

（2）选址条件。休闲度假景点：古镇、海边、湖畔、山涧、森林等。旅游观光景点：城墙、古迹、自然风光等景点区位。

（3）物业条件。有独立院落、小楼层或集中街区，建筑特点有充分的地域文化表现，有设计的人造景观，接待区、休闲区、公用客厅等休闲区间充分，休闲设施齐全（烧烤、品茶、棋牌等），房型布局合理，设计满足功能需求，房间能充分考虑采光、观景、通风。

【加盟流程】

（1）项目申请。首先，您需要填写并提交云上四季民宿项目管理部提供的《准入评估信息收集表》。

（2）项目材料核准。对符合准入标准规定的申请条件，且向如家酒店集团云上四季民宿平台提供真实、合法、准确、有效的信息和资料，并保证其诸如电子邮件地址、联系电话、联系地址、邮政编码、往来财务账号等内容的有效性及安全性，保证如家酒店集团工作人员可以通过上述联系方式与民宿取得联系。同时，民宿也有义务在相关资料实际变更时及时更新有关信息和资料。

（3）实地考察。对初步符合条件的民宿项目，我们将派遣投资顾问进行实地勘察。

（4）签订合同。对通过云上四季民宿平台官方评估审核通过后，签订《民宿合作合同》，并缴纳费用后加入成功。

（5）管理培训。如家管理大学提供开业和管理培训，合作方通过如家管理大学颁发的"民宿大管家"资格认证。

（6）"如管家"安装。免费安装使用云上四季民宿"如管家"管理软件，PC版和手机版（免费）。

（7）上线。登录如家销售平台，进行销售及宣传推广。并且在相应的合作模式下，享有利用如家酒店集团资源权益及后台支持。

2.路客精品民宿

【经营模式】特许。

【品牌源地】北京。

【适合人群】自由创业者、在岗投资、毕业生创业、其他。

【项目介绍】路客是中国精品民宿的优质品牌，它集结了一批高素质的精英房东，为消费者提供独具特色、高品质的住宿，房源多样，包括特色别墅、历史建筑、四合院、高档住宅等，不仅为消费者带来舒适的住宿，也为消费者提供了一个和当地人交朋友，体验当地生活的机会。

路客拥有几千名设计师、工程师、房屋管家和保洁阿姨等，组建了中国最专业化和规模最大的民宿管理团队，是全国唯一一家系统化为民宿房东解决在房源设计、改造、接待、运营和营销过程中所有难点的专业化管理平台，路客正带领着中国民宿行业快速发展。

【加盟优势】

（1）强大的管理团队。公司的创始团队来自原Uber和7天酒店高管负责的运营团队，他们拥有丰富的行业经验。目前已在全国储备培养了2000多名实力强劲的民宿掌柜、酒店保洁阿姨和维修哥，成功经营了全国近万套民宿。

（2）科学的管理模式。LOCALS路客携手美家帮、建设银行，共同推出了"0元美宿改造"计划。合作商0元投入，LOCALS提供全包服务，建设银行提供超低费率分期贷款支持，合作商只需从每月营业款分期返还，真正让业主省心做美宿房东。

【加盟条件】

（1）投资者认同路客民宿加盟品牌文化与经营理念。

（2）投资者具有拓展事业的强烈愿望。

（3）投资者能够根据总部规定的城市类别，交纳相应的加盟费用。

（4）投资者自觉接受品牌总部的管理，不可跨区域经营。

（5）投资者能够尽快掌握产品制作技术与开店技巧和业务洽谈能力。

（6）投资者具有与品牌总部共同成长的意识和能力。

（7）投资者具有一定的资金实力，良好的信誉、投资意识、风险意识。

【加盟流程】

（1）咨询与详情。

（2）填写加盟考察申请表。

（3）加盟总店考察。

（4）洽谈签约。

（5）店铺选址。

（6）展厅设计与展厅装修。

（7）品牌及产品培训。

（8）营业开业。

3.有家民宿

【经营模式】合伙经营、全程托管。

【品牌源地】北京。

【适合人群】自由创业者、在岗投资、毕业生创业、其他。

【项目介绍】有家民宿是蚂蚁短租推出的民宿连锁品牌，是中国首个"舒适型"民宿连锁品牌，与美好旅行相遇，亲子民宿家庭出游，给孩子更舒适的旅行生活。由携程、途家、58产业基金数千万美元战略投资。有家民宿会为每套房源配备专职线上线下管家，线上管家会依托蚂蚁短租平台大数据的支持，运营和销售有家民宿。

在户型上，以2~4居户型的分散式普通民居住宅为主，包括"有家亲子民宿""有家商旅民宿"等系列主题民宿，实行"五星级民宿服务标准"，布草"一客一换"，智能门锁"扫脸入住"，专业服务管家"随传随到"。

有家民宿在经营模式上进行创新，提出的"合伙经营、全程托管"模式，采取了代运营模式，此模式为业主、民宿投资人等负责提供闲置房产，由有家民宿负责进行统一的托管。

【加盟优势】

（1）品牌优势。品牌的LOGO简约而具有特色，辨识度很高，再加上产品本身的高品质，让消费者对品牌拥有深刻的印象。加盟商获得了品牌的授权后，即可免费使用品牌形象和品牌LOGO，以此来获得消费者的信任和光顾，直接享受品牌带来的无形价值。

（2）产品优势。有家民宿拥有国内外专业设计精英团队，随时掌握最新资讯，设计流行的产品。

（3）技术优势。凭借强大的科技开发力量，在设备、产品、技术、服务等方面，始终在同行中保持强大的优势。

（4）培训优势。投资有家民宿加盟项目，专业团队系统化培训，你也能成为行业老手，并提供上门带店。

（5）服务优势。对门店经营进行督导跟踪，不定期上门检查、测评，降低有家民宿合作伙伴投资风险。

（6）投资优势。有家民宿拥有相当稳定的客源，且有家民宿市场环境好，发展前景非常乐观，是您创业投资的好选择。

【加盟条件】

（1）自有或租赁适合经营有家民宿的物业，交通便利，物业视觉效果良好，地段优越。

（2）有一定经济实力和经营资源。

（3）认同有家民宿品牌的经营理念和经营模式，接受有家民宿的管理体系和执行标准。

（4）对投资风险和收益有理性认识。

【加盟流程】

（1）初步了解。了解有家民宿运作的模式，了解当地的市场情况，通过网上填表留下您基本信息以索取招商加盟手册，了解行业状况及总部加盟政策。

（2）实地考察。对有家民宿品牌有了大概的认知后，可以前往有家民宿总部进行实地考察，包括总部的环境实力以及其他加盟店的运营状况。

（3）资格申请。总部收取投资者的意向加盟书，并对投资者进行资质审核，确定该投资者是否具备加盟资格。

（4）正式签约。若通过总部加盟资格的审核，双方可就各种合作细节进行商讨，达成一致后，正式签订合作协议。

（5）店铺选址。相关选址资料通过邮件或传真方式提交至公司，对店面及所处地区市场进行初步审查。

（6）店面装修。总部按照全国加盟店的建店标准，为加盟商出具装修设计图，加盟商进行装修。

（7）开业前培训。遵照有家民宿特许连锁经营管理模式，总部将协助您进行开业前期的培训，包括对店铺经营人员进行产品知识、设备操作、销售技巧、店铺日常管理、子公司相关流程、经营理念、实际销售技巧等方面的系统性培训。

（8）开业准备。加盟商要提前策划好开业活动，准备好开业流程，宣传开店优惠为开业造势。

（9）举行开业仪式。有家民宿总部根据需要进行现场开业指导，提供咨询意见，举行开业仪式。

4.云住民宿

【经营模式】直营。

【品牌源地】山东省青州市。

【适合人群】自由创业者、在岗投资、毕业生创业、其他。

【项目介绍】云住民宿是经"归隐自然，探索在地"为主题的景观民宿品牌，旨在引导人们重拾属于自己的精神领域，享受返璞归真的栖居美学。云住民宿以"为每一位旅行者，提供诗意的栖居之所"为己任，为注重生活品质的消费者提供旅行度假、商务休憩、休闲娱乐、特产特供等优选服务。含蓄亲和的人本服务，是旗下每一家民宿的不变的魅力。

【加盟优势】

（1）统一的店铺形象设计。店铺选址、店面形象设计、装饰设计。

（2）专业的工程筹建指导。全程工程施工指导，准确把握酒店施工标准。工程设计团队，量身设计科学民宿布局图。标准规范化的装饰公司平台，多方招投标机制，合理的价格高质量的工程。

（3）统一的市场营销推广。全年统一的营销方案，营销宣传统一设计，针对新店营销策划，共享媒体渠道资源。

（4）统一的员工培训体系。营运标准培训、店务营运手册。

（5）统一的物流采购供应链。与知名大品牌强强联合工厂供货，总部统一低成本采购，统一配送，保证质量的同时大大节约成本。

【加盟条件】

计划投资民宿类业态的投资人，拥有物业或可租赁物业，拥有资金100万元以上。已经筹建并开业了的民宿投资人，拥有可使用房屋5间或5间以上，并拥有一定的改造资金。在营酒店想改成民宿业态的酒店投资人，拥有可改造房屋5间以上。

【加盟流程】

（1）加盟咨询。浏览民宿网站，留言或者拨打全国统一电话。

（2）评估考察。公司在收到您的加盟申请后，会有项目开发经理与您联系，符合条件的项目，市场项目开发经理将进行项目实地考察评估。

（3）项目审核。考察结束后，项目开发经理向民宿加盟领导提交评估报告，民宿加盟领导审核通过的方可加盟。

（4）签约付费。项目审批通过，与公司签约加盟合同并缴纳相关费用，加盟服务流程启动。

（5）项目施工。图纸设计，施工指导，提供详尽的采购清单。

（6）项目验收。工程部协同运营部验收工程成果，符合工程标准的，准予开业。

（7）开业指导。管理人员及员工培训，开业运营指导。

5. 瑞轩精舍

【经营模式】直营、特许。

【品牌源地】上海。

【适合人群】自由创业者、在岗投资、毕业生创业、其他。

【项目介绍】瑞轩精舍的品牌标识主体是一枚莲花，莲花出淤泥而不染的圣洁性，象征超凡脱尘，代表着瑞轩精舍人追求的梦想和心境：纯洁与高雅、清净和超然。强调禅意和新中国风文化元素的运用，突显温馨典雅的氛围，强化核心产品的生态品质与历史人文色彩，在关键产品及服务方面，达到或超越五星级酒店标准。提供更加亲切、安全、人性化、有温度的管家式贴心服务。瑞轩精舍追求住宿产品的"原生态"品质，并按照"极致"标准打造床品及沐浴的舒适度。

瑞轩精舍在坚持实用主义功能配置的同时，设计上更强调对旅客身心的健康抚慰诉求。酒店全部采用贴近自然，生态环保的室内软装，全实木家具，告别甲醛、化学胶黏剂、异味等对住店客人的困扰和伤害；个性化的地域文化氛围，极致化的舒适安眠系统，五星级标准的愉悦服务和旅途人文关怀，为爱旅行、爱健康、爱读书、爱阳光、爱咖啡，独具小资情怀的您提供绝佳的社交空间，以及独具魅力的旅途休息和生态度假之所。

【加盟优势】

（1）精准的直销预订平台。利用瑞轩精舍官网、微官网、手机App、预订热线、全球各大OTA及GDS等，为异地客源预订酒店实现精准对接。

（2）全球领先的PMS（酒店管理）系统。瑞轩精舍和全球领先的PMS系统开发商紧密合作，引入"iHotel"新一代酒店信息化云平台，为连锁酒店提供强大的酒店管理、电子商务，以及EDM、第三方支付等服务平台支持。

（3）全程无忧化装修服务。瑞轩精舍提供酒店全套装修设计图纸、施工工艺标准、设备设施配置标准及采供渠道等，让您坐享"管家式服务"，更可选择"交钥匙工程"，连装修施工也由公司认证的单位承担，公司筹建部为您全程管控施工质量，真正让您"高枕无忧"。

（4）专业的酒店运营管理。既有成熟的中高端酒店产品和服务理念，也有经济型连锁酒店成本控制经验，高效有机契合。

【加盟条件】

（1）本人及家人身体健康，有从事瑞轩精舍本行业的激情和热情。

（2）认可并接受瑞轩精舍项目的经管理念和模式，有志于创业投资的人。

（3）提供合法身份证，以便瑞轩精舍总部建立真实的档案。

（4）遵守和执行瑞轩精舍项目的各项经营管理要求。

（5）具有独立法人资格或经济实力较强的自然人。

（6）具有良好的合作意识、良好的商业信誉。

（7）能够全身心投入到经营中，且具备一定的市场敏感度。

【加盟流程】

（1）与总部取得联系，初步了解瑞轩精舍项目情况。

（2）加盟商到总部进一步考察瑞轩精舍项目详情，填写加盟申请表，并且提供加盟店的意向城市和具体店址。

（3）瑞轩精舍总部派人前往具体位置进行考察评估，并与加盟商商讨具体铺位，费用由加盟商承担。

（4）双方确认无异议后，签订正式的特许经营协议书，加盟商按照协议缴纳加盟金和保证金等各项费用。

（5）瑞轩精舍总部协助加盟商制定开业前期的进度方案表。

（6）对店面装修进行设计，并且开展员工招聘，安排培训人员对加盟商以及员工进行业务培训。

（7）瑞轩精舍总部制定开业宣传推广方案。

（8）加盟商自行办理营业执照等相关经营所需的证件和手续。

（9）各种店内设备开始筹备，并且进行各种技术调试。

第四节　评估加盟费用

加盟任何特许经营机构，都必须付出一笔加盟费用。特许人收取一定数目的加盟费用，其实是必要也是合理的。对于投资人来说，就需要考察和评估其收费是否合理、合法。常见的收取费用方式有以下几种。

一、加盟费

加盟费即"特许经营权使用费"，这是受许人为取得特许经营权，在签订合约时向特许人一次交纳的一笔费用，它体现的是特许人所拥有的品牌、专利、经营技术诀窍、经营模式、商誉等无形资产的价值，合约期满或中途退出也不退还。这笔费用一般占受许人全部投资的5%～10%。

一般来说，加盟费的高低与特许企业的知名度、特许项目的获利能力相关，特许人的知名度越高、获利能力越强，则加盟费就有可能越高；反之亦然。

 相关链接 ‹···

何种情况下，加盟商可以要求退加盟费

加盟费不是绝对不能退还，存在下列特殊情形的，加盟商可要求退费。

1.加盟商尽管缴纳了加盟费，却自始至终没有取得特许经营资格，无法实现对特许人所许可的无形财产的使用，在提前解约的情况发生后，加盟商可因加盟费享有不充分而行使返还请求权。如加盟商缴纳加盟费后，特许人一直未提供经营技术资料等相关文件的，加盟商可要求部分或全部退还加盟费。

2.加盟商缴纳了加盟费，并且取得特许经营资格，但在经营一定期限后，由于特许人的根本违约导致合同解除，可以将加盟费作为损失要求特许人进行赔偿。如特许人在同一地区又违规允许多家加盟商的，就属于违约，加盟商可以要求退还加盟费。

3.如果合同的解除是因为签订合同前特许人向加盟商提供了虚假信息，即加盟商是受到特许人的欺诈后才签订合同并缴纳加盟费，被特许人可行使返还请求权。

通常情况下，加盟后因故不能开加盟店，要求退还加盟费的，特许商是可以不退还的。但加盟费能不能退，退回多少等问题，不只是看加盟商是否违约，加盟合同怎样约定，还要审视特许人是否存在违约、履行加盟合同是否有瑕疵等多方面因素，才能决定的。

二、保证金

为确保受许人履行特许经营合同，特许人可要求受许人交付一定的保证金，合同到期后保证金应退还受许人。

保证金与加盟费的区别如图4-7所示。

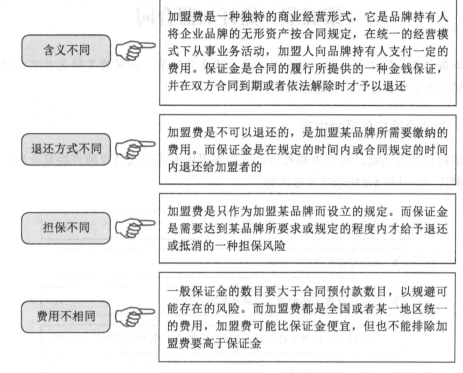

图4-7 保证金与加盟费的区别

三、其他费用

某些特许人在受许人的加盟费之外收取的费用，一般用于总店向属下的加盟店提供各种支援服务方面。

比如，举办培训课程、提供属于集团专利的设备、筹办推广计划、做推销广告、进行市场调查、提供财务服务等。

这种收取附加费用的做法，一般都会在双方所订的契约中有所说明，受许人在研究契约之时，应特别注意清楚这方面的内容。

四、收取利润

没有固定数目的加盟费，而在契约中订明，在加盟店开业后逐月收取若干个百分点的利润，作为特许经营的代价。这种方式也是很常见的。

五、股份

规定每一间加盟店的若干成的股份属特许人所有。一般是15% ~ 20%左右。

第五节 签订加盟合同

在加盟之前，签订合同是一个十分必要且重要的环节。合同的签约是对双方权益的保障，同时也是对双方权责的划分。

一、加盟合同应包括的内容

从事特许经营活动，特许人和被特许人应当采用书面形式订立特许经营合同。特许经营合同应当包括图4-8所示的主要内容。

01	特许人、被特许人的基本情况
02	特许经营的内容、期限
03	特许经营费用的种类、金额及其支付方式
04	经营指导、技术支持以及业务培训等服务的具体内容和提供方式
05	产品或者服务的质量、标准要求和保证措施
06	产品或者服务的促销与广告宣传
07	特许经营中的消费者权益保护和赔偿责任的承担
08	特许经营合同的变更、解除和终止
09	违约责任
10	争议的解决方式
11	特许人与被特许人约定的其他事项

图4-8　特许经营合同应包括的内容

小提示：

特许人和被特许人应当在特许经营合同中约定，被特许人在特许经营合同订立后一定期限内，可以单方解除合同。特许经营合同约定的特许经营期限应当不少于3年。但是，被特许人同意的除外。

二、签订加盟合同应注意的事项

对于投资者来说，在签订加盟合同时，应注意以下事项。

1.关于服务项目

合同中要详细说明特许者将对加盟店提供哪些服务项目，这些服务包括开业前的初始服务和开业后的后续服务。

（1）初始服务。主要有选址、加盟店装修、培训、开店设备的购置、融资等。

（2）后续服务。包括总部对加盟店活动实施有效协助，以帮助保持企业标准化和利润；总部继续进行操作方法的改进及革新并向加盟店传授；总部进行市场调查研究并向加盟店传送市场信息；总部开展集中统一的促销与广告活动；总部向加盟店提供集中采购的优惠货源；总部专家向加盟店提供的管理咨询服务等。

合同中详列这些服务项目，是对加盟店利益的一种法律保护。

2.关于加盟费用

一般而言，不同的特许人其特许权使用费的计算比率通常都不一样，计算比率所采用的基数（以销售收入的一定比例，还是以销售利润的一定比例计算）也不统一。在签约前被特许人应认真研究特许经营费的计算方法，避免因误解引起日后的纠纷。特别要注意特许经营的项目中有无隐藏不可预见的费用。

同时，必须清楚了解以下事项。

（1）加盟金到底包含那些项目？

（2）是否包括商标使用费？

（3）自备款多少可开始营业？

（4）是否须缴纳定期的权利金或管理费？如何计算？如何给付？

（5）特许者是否提供技师和管理团队？各是多少名？

（6）是否须缴纳培训费？怎么计算？

（7）是否必须加入合作广告计划？其费用如何分摊？特许者提供哪些产品或促销服务？

3.关于合同期限

（1）期限长短是否明确？

（2）期限是否与租期吻合？

（3）期满后可否续约？

（4）续约有无条件？若有，条件为何？是否详细列明？

4.关于授权范围

授权范围包括授权区域、期间、权限等。权限可分为独占、排他、普通三个层次，权限递减。另外，如果被特许人是地区总加盟商，则需明确相关市场开发权及缔约权、监管权及收益分配方式。

特许合同涉及的知识产权如商标、专利及著作权等的使用权限也应在合同中明确。

5.关于经营指导、培训等辅助项目

至少应包括开业前指导、营业指导、培训等。签约时，应对特许人的上述辅助义务做出明示，比如具体指导事项、培训内容及时间、相关费用的负担、营业指导的经常性（频率）等。

（1）特许者是否要求加盟者参加训练课程？

（2）有无继续教育及协助？

（3）是否持续提供加盟单位员工训练？

（4）是否要付费用？费用多少？如何计算？

6.关于采购、供货

（1）是否所有的采购物资都必须向特许者购买？其价格及条件是否合理？

（2）是否要求加盟者只能向特许者购买所需的物资？或只能向特许者指定的厂商购买？如有，其价格及条件是否合理？

小提示：

被特许人应就品类、质量、价格等做约定，特别注意被特许人应具有采购权而非负担采购义务。就特殊商品，应取得独占特许销售权。

7.关于广告宣传与促销

特许人广告投放的力度和质量，被特许人发布广告的权限都应予以特别关注。

至于促销权，也应争取，因为这是自主经营权的重要内容，可在市场开发阶段发挥较大作用。促销权应明确促销力度、特许人配合义务、促销方式等。

（1）广告是地区性或全国性？其费用支付方法？

（2）如地区性促销是加盟者自理，特许者是否提供过去经验，是否协助规划实施？

（3）特许者是否提供各种推广促销的材料、室内展示海报及宣传品等？有无另外收费？

（4）加盟者是否可自行策划区域促销？如何取得特许者的同意？

8.关于加盟店的转让

加盟者可能会由于种种客观原因而无法继续经营加盟店，这就涉及加盟店转让或出售的问题，加盟店是否能转让、如何转让、转让给何种人等都必须列入合同中，以免将来发生纠纷。

也有些合同明确表明，假如加盟者要转让出售自己的门店，总部将有购买的优先权，或者有权选择转让的对象。在这种情况下，一定要注意说明加盟店的转让价应以市场价为准。

（1）加盟者是否可转卖门店资产？

（2）加盟者是否可在门店资产转卖时，同时转让加盟合同？或特许者有义务与承买者签订新合同？

（3）特许者是否有权核准或拒绝转卖，其权利是否合理？

（4）是否须付给特许者部分转让费？

9.关于加盟者生病或去世

（1）合同是否直接由继承人承接？

（2）合同是否由遗产管理人承接？

（3）加盟者如长期失能，是否必须转让？

10.关于商圈保护

（1）合同有无授予独占区域？

（2）独占区域是否在营业额达到某种标准后随即终止？

11.关于门店选址

（1）特许者是否协助选择地点？

（2）谁对地点的选择做最后决定？

（3）装修蓝图是否由特许者提供？

（4）有无定期重新装潢及翻新的要求？

（5）如需申请更改建筑使用执照，谁负责提出申请及负担期间费用？

（6）租约条款是否有约束？

12.关于财务协助

（1）特许者是否提供财务协助或协助寻找贷款？

（2）如果提供财务协助或贷款，其条件是否合理？

（3）特许者是否提供缓期付款的优惠？

（4）有无抵押？

13.关于营业范围的限制

（1）合同是否对所贩卖物品的项目有所限制？

（2）限制是否合理？如贩卖其他物品，有无需特许者同意的申请程序？

14.关于竞业禁止

（1）是否限制加盟者在约满或转让后，不得从事同类型的商业行为？

（2）如有，其期限及区域是否合理？

15.关于会计作业要求

（1）特许者是否提供会计服务？

（2）如有，是否额外收费？其收费是否合理？

16.关于客户限制

（1）有无限制客户对象？

（2）如超越授权的地区，有无惩罚条款？

17.关于通知条款

（1）若违约，特许者是否有义务以书面形式通知加盟者，是否有延期、更正的余地？

（2）其期间有多长？是否足够？

18.关于特许者的优先承购权

（1）合同中有无明示何种情况下特许者可承购？

（2）其承购价格由谁评估？商誉及净值是否列入考虑？

（3）加盟者求售时是否有义务先向特许者求售？

19.关于加盟者亲自经营的要求

（1）合同是否要求加盟者每日亲自经营？

（2）合同是否禁止加盟者维持其他职业？

20.关于债权债务

（1）明确对外权利义务及经营风险划分。

（2）被特许人与特许人虽然是分别独立的法人实体，但是由于特许经营活动的特殊性，之间往往存在各种债权债务关系，特别是由于供货等关系，往往会导致特许人占压被特许人资金的现象发生。这是被特许人应特别考虑的一个经济问题。

21.关于店铺

涉及店铺的设计、装潢、更新及费用负担等环节。

22.关于更新

特许人掌握了新的技术、服务项目、特殊产品，以及新的商业模式等，应主动与被特许人共享。

23.关于越权

为了防止特许人在商业特许经营活动中超越其应有的权限而"滥用市场支配地位"，应该注意以下事项。

（1）防止特许经营合同出现个别条款强化特许人的优势地位，如没有正当理由的被特许人数量限制；供货数量的强制要求；没有正当理由的降价促销的限制；签约后变更特许经营合同的内容；合同到期后，超越合理范围的限制竞争义务等。这些不合理条款会使被特许人遭受损失。

（2）防止特许经营合同整体上使特许人处于优势地位，如对所经营商品的限制及对经营方式的限制；对销售额的特别规定；是否有权解约以及违约金的数额；合同期限等条款。

（3）关于销售价格，由于特许人和被特许人经营的产品面向相同的消费群，实施相同的营销战略，因此特许人可以根据具体经营情况向被特许人提出建议销售价格。但是，如果特许人对被特许人有不合理的价格限制条件的时候，就可能会出现限制销售价格等不公平竞争的现象。

24.关于终止合同及后果

合同一旦确立，就不能随意撕毁或中途终止。但是，也有加盟双方不遵守合同的事件发生。合同中应明确规定，任何一方违反协议到什么程度，另一方有权终止合同。当然，也应写明违反协议的一方是否有机会弥补其过失，以避免合同终止的后果。

一般来说，合同终止后，加盟者不能再使用总部所有的贸易商标、名称、各种标志和其他权利，在一定时期内也不得从事相类似的经营业务。

除了以上内容外，合同一般还包括地域的限制、营业时间的规定、营业秘密的遵守等内容。不同的行业、不同的企业，其合同内容都不尽相同。

（1）特许者是否有义务购买加盟者的生产器具、门店租约及其资产？价格如何确定？

（2）处理费用如何归属？

（3）处理期间多久？时间是否足够？

25.关于违约金

特别是特许合同解除的违约金，应当关注。在签约前，应该了解清楚以下内容。

（1）在何种情况下可以解约，具体手续如何办理？

（2）如果被特许人提出中途解约，是否需要支付解约金或赔偿金？

（3）如果需要支付的话，如何计算？

（4）如果被特许人因经营不善而提出解约，是否仍需支付解约金等问题。

26.关于违约条款

（1）何种状况视为违约？

（2）违约项目是否属加盟者能力范围所能控制的？

（3）其订立项目与核实标准是否合理？

27.关于违约后果

（1）违约时，特许者采取何种方式处理？

（2）特许者是否可以直接取消该连锁加盟契约？

（3）有无违约金条款？金额多少？如何计算？

28.关于仲裁

加盟双方可能会发生一些冲突，解决冲突的方式用仲裁比较合适。仲裁实际是由双方选择的仲裁人进行的私下诉讼，它的优点在于节省时间和费用，双方可以事先在合同中设定仲裁的规则，至于仲裁的时间可以根据当时发生冲突的情况而定。

在这里，选择什么样的人做仲裁人十分重要，如果仲裁人选择不当，做出的决定不公平或不客观，会使双方或其中一方不满意，最后反而会扩大矛盾，以致双方诉讼至法院。

29.诉讼管辖地

（1）特许者指定的诉讼管辖地是否为其总部所在地？

（2）是否考虑改为对加盟者较为有利的加盟店所在地？

相关链接 〈

加盟合同范本

甲方：_____（以下简称：甲方）

乙方：_____（以下简称：乙方）

本合同根据中华人民共和国《合同法》以及《商业特许经营管理办法》制定，经甲、乙双方友好协商，本着互惠互利的原则，自愿加盟，就有关加盟商特许加盟问题达成以下协议，并拟定甲、乙双方共同遵守本合同所列条款。

第一条 定义

1.加盟权利金——乙方为甲方加盟商，因此获得甲方所授予经营管理行销与必要技术，由甲方与乙方签署授权契约书，并于签约时一次支付于甲方之金额。

2.品牌保证金——为确保乙方日后诚信履约，需缴纳于甲方之品牌保证金，日后除甲方依约办理外，于合同届满、解除，乙方无违约情况发生，甲方应无息返还，如乙方有违约，或造成甲方之损害时，甲方将从保证金中扣除。

第二条 合约期限

加盟商经营期限自_____年____月____日至_____年____月____日止，为期一年，加盟期满，乙方在原加盟期内无任何违约事件，乙方务必于一年合同期满之前以书面申请签订加盟续约合同，本合同可依约延长一年，品牌保证金转至新合同中。

第三条 门店地址

加盟店地址：_____

电话：_____ 传真：_____ 邮编：_____

第四条 特许加盟收费内容及细则

1.加盟商在签署本合同时，为了推动品牌的推广及快速发展，乙方需向甲方缴纳加盟权利金_____元，乙方在签订本合同后，本合同才能正式生效。

2.加盟商在签署本合同时，需缴纳甲方品牌保证金_____元/年，乙方如有违反本合同相关品牌保证金事宜，甲方有权要求乙方赔偿，甲方可直接从品牌保证金中扣除。

第五条 商圈规划、门市设备及装潢规范

1.乙方加盟店必须悬挂招牌，若擅自更改内容、颜色的，则视为乙方违约（甲方提供乙方招牌详细资料）。

2.甲方可免费为乙方评估开店位置，免费为乙方店内装潢进行设计。若乙方需要，甲方可提供标准作业规划，及代请施工队，费用由乙方承担。若乙方不需要，可自行决定开店位置，但须得甲方认可后方可开业。

第六条 商品价格等规定

1.加盟商必须纳入甲方的联网管理系统。甲方同意加盟商可以有10%的产品自由采购权。

2.乙方委托甲方统一采购商品，以联合采购进货方式降低成本；如有部分商品价格高于乙方采购之价格，乙方可介绍厂商给甲方，以接洽降低成本而让利于各加盟店；如有部分商品只有个别加盟店销售，则可自行采购，但需向甲方申报备案，以服务其他加盟店，以此充分发挥集体团队的力量。

3.针对甲方公布的商品目录及促销商品进行订货及定价销售，零售价可在会员价和正常价之间浮动。如乙方任意削价出售，而扰乱整个加盟系统的正常销售，甲方有权要求乙方赔偿损失。

4.实行款到发货结算。乙方收到商品后，应当即检验商品数量和质量，如有残、次之商品，可作退货处理。

第七条 门店营业

1.应以独立法人之工商登记及本合同相关的营业项目，以取得合法的从事营业行为，并于开业前检附相关文件给甲方；乙方所营业相关税费由乙方负担。乙方在甲方授权区内取得合法营业证照后始得正式营业。

2.应遵守甲方所提供之服务项目及营业形态对外经营，乙方不得任意变更。

3.乙方必须独立承担业务过程中涉及的所有税费及有关行政处罚费用。

第八条 保密

乙方就合同内容的业务数据、商品价目、操作规程、技术、知识等任何类似文件

和数据均作为商业机密，负保密之责任，非甲方书面同意，不得擅自泄露或提供第三人使用。

第九条　促销、广告、执行及费用

1.双方同意的整体促销及广告计划均委托甲方统筹办理。

2.如需自行进行促销广告活动时，须经甲方书面同意。

3.广告所产生的费用按受益者或共同参与者共同承担。一家店无力在媒体上（广播、电视、报刊等）做广告，加盟共同参与可降低成本，增加广告力度。

第十条　教育训练计划、执行、费用

1.应于经营加盟店开业前，依甲方安排对加盟店店长或主要负责人进行培训。

2.甲方派辅导人员赴加盟店实地培训，乙方应负担辅导人员的车资、餐费、住宿等费用。

第十一条　合同期满、续约

合同期满六十日之前，由乙方书面提出续约。乙方若无违反所有合同内容，则甲方须同意订定续约合同。甲方有保留更改新合同的权利，但以不增加费用为原则。如市场变化等原因需增加费用时，需经双方协商。

第十二条　违约、违法、损害、赔偿

1.甲乙双方任一方违反合同中任何条款时，致使另一方遭受损失时，受害方将依法追究并请求违约方赔偿。

2.乙方应明确告之其从业人员不得从事违法行为，否则一切法律责任由乙方承担。如致使甲方受损害时，甲方将依法追究请求违约方赔偿。

3.乙方应遵守甲方加盟店管理规范和服务公约。

第十三条　加盟店迁移、转让、退出

1.门店租约到期或其他合法原因必须迁移时，乙方必须于一个月前通知甲方，以便办理相关迁移事宜，迁移店位置须报甲方核定同意后方可开店，以免造成商圈重复。乙方如未依约通知甲方导致影响乙方权益时，概由乙方自行负担，与甲方无关。

2.乙方因种种原因需要转让时，应提前一个月书面通知甲方，并经甲方书面认可，方可转让，同时办理转让手续，受让人必须经甲方审核同意。加盟店转让给受让人时，甲方将收取转让加盟金10％作为业务辅导费用。转让期只能为原加盟合同的剩余时间，续约应另签合同。

3.因乙方原因需退出加盟时，应提前一个月书面通知甲方，经甲方同意后方可退出，同时与甲方结清货款和品牌保证金，加盟权利金不予退还。

第十四条　责任承担

在乙方开展业务过程中对于经营违法、逃税、卖假冒伪劣商品等造成损失，甲方不承担责任，如造成甲方损失的依合同要求进行赔偿。

第十五条　终止合同

有下列情况发生时，甲方不另行催告，经书面通知乙方后终止合同。

1.自然终止：合同到期双方不再协议续约的，加盟商应在一个月内与甲方办理清算手续，归还相关文本、加盟手册及内部资料。加盟商在合同期内无违约现象的，甲方将品牌保证金100％退还给加盟商。

2.擅自将加盟合同受权书转让第三人时，或未经甲方许可授权擅自招募加盟店、或擅自开店、或停止营业、或未依甲方规定使用企业识别系统（CIS）、制作物、或违反竞业禁止之约定、或保密义务时。

3.经甲方事前书面之同意，擅自以甲方名义或代理甲方作任何法律行为时。

4.有违反法律行为或其他有损甲方重大形象商誉之行为时。

5.乙方或其负责人逃避、失踪、限制行为能力或财产上发生困难，导致票据拒绝往来，破产和解，或受法院查封其财产，或因任何原因接受主管机关为停止营业之处分时。

6.其他违背本合同之不法事项，经限期（30日）催告补正而未补正时，乙方依前项约定终止合同时，若本合同未有其他规定时，则选择没收品牌保证金，取消加盟商资格，作为惩罚性违约金。如另有损害时须请求乙方赔偿。

第十六条　不可抗拒

如因不可抗拒事件发生，非双方所能控制或所能预见事件的发生，包括但不限于天灾、水灾、火灾、战争、政府行为、意外事件导致合同无法履行时，遇有上述不可抗拒力的一方，应立即将事故情况书面告之另一方，并应在十五天内，提供事故详情及协议不能履行或者需要延期履行。

第十七条　其他事项合同附件

1.本合同书有未尽事宜，依有关法令、习俗、诚信原则公平解决。

2.本合同书正本连同附件一式两份，甲、乙双方各执一份为凭；附件手册、补充协议与本合同具有同等效力。

第十八条　适用法律

本合同的订立、效力、解释、履行和争议的解决，均受中华人民共和国《宪法》的管辖。

第十九条　争议解决

因本合同引起的或与本合同有关的争议，双方应通过友好协商解决。如果自争议发生之日起，六个月内通过协商不能解决的，或者任何一方拒绝协商的，则任何一方可诉请本合同签订所在地的人民法院裁决。

第二十条　合同管辖

双方同意如因本合同涉及诉讼时，于人民法院为第一审管辖法院。本合同解释权归甲方所有。

甲方：（公章）　　　　　　　　乙方：（签字）

授权代表人：　　　　　　　　　身份证号码：

签订日期：　　　　　　　　　　签订日期：

三、有效避免加盟合同的纠纷

合同纠纷，是指因合同的生效、解释、履行、变更、终止等行为而引起的合同当事人的所有争议。为了有效避免加盟合同的纠纷，投资者应注意以下事项。

1.不要盲目轻信特许经营企业的宣传和许诺

特许经营企业为了吸引加盟商往往对产品作出夸大其词的宣传和高额的利润预测，加盟商应当冷静分析实际情况，不要盲目轻信特许经营企业的宣传和许诺。

2.签订合同时尽可能地为自己争取合理权利

加盟合同大多是特许经营企业制定的格式合同，加盟商在签订合同时要仔细阅读合同条款，尤其是对于一些损害加盟商利益或者剥夺加盟商应有权利的条款要予以提出并与特许经营企业进行协商。

比如，加盟的格式合同一般将纠纷解决地点约定在特许经营企业所在地。当纠纷发生后，加盟商面临异地诉讼不便、诉讼成本高、执行难度大等诸多困难。有些特许经营企业利用加盟商这一劣势，拖延诉讼、拒不调解，最终人去楼空。因此，加盟商在签订合同时要慎重考虑这些问题。

3.注意收集和保存相关证据

在加盟合同纠纷中，加盟商的损失主要包括房租、装修费、宣传费、雇员工资等，但加盟商在主张这些费用与加盟的关联性时往往存在举证上的困难。

因此，加盟商在平时要注意收集和保存相关合同、单据，尤其注意要在这些合同、单据上注明是用于加盟的费用。

比如，租房合同中房屋所在地应当与加盟商的经营地点一致，装修费应当注明装修的地点是加盟商的经营场所，宣传费也应当表明宣传的内容与加盟经营活动相关等。

　相关链接＜ ···

加盟合同纠纷怎么处理

合同纠纷处理，要么退出，要么继续。无论退出还是继续，仍应按照合同追究违约责任。纠纷的处理，根据不同的情况，不同的选择，有不同的处理方式。

1.合同纠纷的解决方式

（1）和解。和解是由争议各方根据合同约定的违约责任和各方实际情况，自行协商而不需通过司法程序解决纠纷的方式。和解是纠纷常见的解决方式。但由于和解协议缺乏的法律约束力，有些人可能会出尔反尔，使和解结果成为一纸空文，延误了纠纷的有效解决。

（2）调解。调解是由争议各方选择信任的第三方居中，就合同争议进行调解处理。调解通常是以各方互谅互让为原则进行。此方法解决纠纷的可能性较和解大一些，但由于调解协议与和解协议一样不具有强制性效力，也使得纠纷的解决难尽如人意。

（3）仲裁。仲裁指争议各方根据合同中的仲裁条款或者纠纷发生以后达成的仲裁协议，将争议提交法定的仲裁机构，由仲裁机构依据仲裁规则进行居中调解，依法做出裁定的方式。当事人不愿和解、调解或者和解、调解不成的，可以根据仲裁协议向仲裁机构申请仲裁。并可根据生效的仲裁协议申请强制执行。

（4）诉讼。诉讼是解决合同争议的最后方式。是指人民法院根据争议双方的请求、事实和法律，依法做出裁判，借此解决争议的方式。当事人没有订立仲裁协议或者仲裁协议无效的，可以向人民法院起诉。

2.合同纠纷管辖法院的确定

（1）有约定从约定。一般合同可以约定为合同签订地、交货地、运输地、原告所在地、被告所在地等与合同履行有关的地点。

（2）无约定的按照被告所在地或合同履行地。合同履行地可以约定为合同签订地、交货地、运输地、原告所在地、被告所在地等择一约定。除有例外，在通常情况下，合同履行地都以合同当中最能体现合同特色一方为履行地。

（3）当事人签订合同后并未实际履行的。合同中约定的履行地是否可以作为管辖的依据则区分情况来确定。如果当事人双方的住所地均不在约定的履行地的，则此合同纠纷只能由被告住所地法院管辖；如果当事人一方或双方的住所地在约定的履行地，则该履行地可以作为管辖法院的确定依据。由于合同性质不同，履行地的确定也就存在差别。

（4）合同的名称与合同所涉权利义务不一致时，应当按照合同的权利义务来确定合同的性质并由此确定合同的履行地；如果按照合同的权利义务内容难以确定合同性质的，则应结合合同名称和合同权利义务的内容来判定合同性质，如果合同名称与部分权利义务内容相符的，以合同名称来确定合同性质，进而确定合同的履行地。

第六节　识别加盟陷阱

特许加盟以可复制的成功模式被很多创业者所青睐，但加盟商必须对加盟企业进行严格考察，谨防加盟陷阱。加盟商在选择加盟品牌的时候，一定要学会三思而后行，这样可以有效避免陷入加盟骗局。

一、常见的加盟陷阱

常见的加盟陷阱有以下几种。

1.诱

一些连锁加盟企业往往使用以下各种手段，抛出虚假广告，编造各种诱饵，吸引加盟者上钩。

（1）无门槛、低门槛加盟。宣称免加盟费、免指导培训费、免加盟过程中的各种费用等。

（2）低投入、高回报许诺。声称"零投入""30%的利润率""三个月回本""无须任何经验"等。

（3）各种耀眼噱头。有的声称"领先高科技""最新进口产品""国际领先品牌"，仔细考察很可能是子虚乌有。

2.骗

有一些连锁加盟企业会直接采取"骗"的手段，常见如下。

（1）预收费用。加盟商一般会收名目繁多的费用，包括押金、保证金、货款等，但是大多不以加盟费的形式出现，让加盟者感觉到自己没有花钱而加盟，自己捡到了便宜，其实一旦付费则很难要回。

（2）产品以次充好。比如承诺的是名牌材料其实是积压货，承诺的高科技产品其实是残次品。

（3）假加盟商。有些成立空壳公司，有些人注册多家企业，宣传的是甲企业，而签订合同的是乙企业；也有一些企业，在赚取一定的加盟费以后，立即关门大吉，人、财、物全部消失。

3.托

一些加盟商往往设置一些加盟业务实体店，店里面店员热情大方、专业精熟、应对自如，现场人来人往、门庭若市。岂不知，这一派繁荣的景象可能是加盟商故意设计的假象。

4.坑

一些加盟商要求签订他们拟定好的格式合同，不允许修改，一般对加盟商的保护比较严密，而对加盟者的权利则十分含糊，同时用美妙的辞令加以修饰，不仔细阅读根本不便发现。看似完美的合同，却给加盟者设置很多陷阱，比如对产品的具体标准含糊不清，对非特许的主体、特许的范围含糊其词，并且与口头宣传的并不相同，一旦维权时，这些都成为对加盟者不利的条款。

5.赖

一些加盟商在挣够钱或者出现问题时，都会以各种理由抵赖，拒不退款，扬言不怕任何投诉或诉讼等，更有甚者注销公司、逃之大吉、威胁恐吓。

二、避免加盟风险

针对以上各种陷阱，投资者要擦亮眼睛，并采取相应的措施来避免加盟的风险。具体措施如下。

1.严格审

（1）审企业。主要是审查加盟商投资人的身份，投资人的身份要恰当，年龄勿过大过小，具有较好的社会信誉；审查注册资本的大小，与经营事业的匹配程度，并且最好是实缴资本；审查加盟企业成立时间，时间越长越好，表明其经营相对稳定，时间较短的一定要慎重。

（2）审信用。通过各级政府部门以及官方网站、公告信息、工商资料、互联网资讯等各种途径，仔细审核投资人和加盟商的信用状况和社会评价，主要是了解他们有无不良的记录，有无投诉、举报，有无诉讼案件。

（3）审合同。虽然加盟合同多是加盟商提供的格式合同，但是加盟者仍然要严格审查，仔细阅读。如果合同条款和承诺不一致或者有遗漏，或者没有将口头承诺写入合同，这些均不可加盟。如果对一些诸如产品质量、退款条款等有异议的要及时提出，避免落入更大的陷阱。

2.仔细看

（1）看项目前景。通过各种政府公布的或其他资料（不仅是加盟宣传资料）看加盟的项目是否有前景，是否具有独特性、实用性和竞争力，能否在加盟后在市场竞争中有一席之地。如果是已经落后甚至淘汰的项目，或者华而不实、不具有实用性和竞争力的产品，勿要加盟。

（2）看总部表现。在总部参观时，不能仅看面积大小、豪华程度，而要看项目的实际状况；不能仅看现场解说，而要看具体的实际操作；不仅要看加盟后的硬件保障，更要看加盟后的培训帮助等软件支持；要反复多次看，以做到心中有数。

（3）看分店实情。对于已经加盟的门店，无论多远，一定要现场查看，探知虚实；对于项目也要仔细查看，确保没有问题后，再行加盟。

3.反应快

维权要快，一旦发现自己上当受骗，一定要在第一时间维权。通过向现场索要，向有关部门比如工商、质检、公安、各类协会等进行投诉，或者通过微博、微信等互联网曝光的方式维权。一旦这些措施无法解决时，立即提起诉讼，通过诉讼途径寻求解决。